域の
備える!

令和・アフターコロナの
自治会・町内会
運営ガイドブック

地域活性化コンサルタント　水津陽子　Yoko Suizu

実業之日本社

はじめに

本書を企画するきっかけは、昨秋に相次いで発生した台風15号と19号でした。ここ数年、毎年のように発生する大規模災害、そのいずれもが五十年に一度、百年に一度といわれる想定外の被害を地域にもたらしています。

東日本大震災以降、自助や公助のキャパシティを超える大規模災害における共助の大切さは広く共有されるようになりました。一方、共助の受け皿となる仕組みや活動はごく限られた地域や団体にしか存在しません。

被災地や災害対応では毎回、常套句のように想定外が繰り返され、大規模災害における被災地支援のスキームも未だ確立されていません。もし今、首都直下や南海トラフなどの巨大地震が起きたらこの国はどうなるのか。

筆者は二十代、徹底した品質と安全管理で知られた石油元売り会社に勤務していました。日々行っていたＴＱＣ[1]活動や危険予知訓練により、何をするにもそこに潜むリスクを先取りし備える癖が体に染みついています。四十年前すでに災害時のマスコミ対応マニュアルまで備えていた会社の危機対応力と比較し、これだけの災害大国でありながら毎回混乱を来し、常に後手に回る国や地域の危機対応に不満を覚えずにはいられません。

災害に限らず、地域は今様々な課題を抱えています。解決には自助・共助・公助の連携が不可欠です。しかし、連携を図る施策は不足し、共助を担う地域コミュニティは衰退の一途をたどっています。

共助に関する本を書こう、いや書かねば、という思いは本書の出発点であり、ゴールです。それは今も変わりません。ただ一つ、この間に大きく変わったことがあります。言うまでもなく新型コロナウィスルによる社会の変容です。

今ほど自助の限界、公助の限界を実感し、共助が求められる時代もありません。良くも悪くも社会を大きく変えていく新型コロナウィルス。未曽有の危機の最中ですが、だからこそ大きな変革をもたらすことができる時でもあります。

本書が新たな共助の時代を創る一助になれば幸いです。

1—TQC（Total Quality Control）社内の問題解決、業務改善活動。業務のムダムリムラなどのプロセスなどを見直し、クオリティを向上させる活動。危険予知訓練（KYT）は事故や災害を未然に防ぐための訓練

こうして地域のリスクに備える！令和・アフターコロナの自治会・町内会運営ガイドブック　目次

第1章

自治会・町内会は何のためにある？ 複合リスク時代の「共助」

—増大する大規模災害、生活不安にどう備える—

第2章

待ったなし！ 大規模災害への備え

―自助・共助・公助の課題と対策―

第3章
マンションと自治会・町内会
―マンションの「共助コミュニティ」―

第4章

令和に求められる共助、アフターコロナの自治会・町内会

第5章

先進事例に学ぶ、これからの共助コミュニティ、立ち上げと運営

第6章 共助コミュニティ活性化、自治体の役割と施策

装丁・本文デザイン　大場君人
図版・DTP　株式会社 千秋社
カバーイラスト　iStock

序章

コロナで激変！自治会・町内会を取り巻く環境

新型コロナウィルスによって社会に求められる変容。それは自治会・町内会も同じです。緊急事態宣言により外出が制限され、接触感染や三密を避けるため、集まって何かすることもできないため、活動休止状態に陥っている団体も少なくありません。

こうしたマイナスの側面がある一方、地域の外に働きに出ていた若い世代がリモートワークなどにより在宅時間が増え、地域で様々な助け合いの輪が広がるなど、共助の大切さを改めて感じるプラスの側面も生まれています。

(1)回覧板も会議もNG! 祭やイベントも中止、総会もできない

今年4月、全国各地で回覧板を取りやめる動きが広まりました。

熊本市では4月28日、市内915の自治会で実施している市の広報文書の回覧を5月から当面取りやめると発表。市民から不特定多数の人が触れる回覧板について感染を心配する声や休止を強く求める声が相次いでいました。市は必要な情報は市のホームページなどで確認してほしいと呼びかけ、地域における文書の回覧についても自粛を要請しました。川崎市では回覧に加え、掲示についても当面中止としました。

コロナ禍においては総会を通常通りに開催することも難しい場合があり、自治体では代替手法として、書面評決を用いた総会の開催方法や関係書式をホームページで紹介するなどしました。

5月になり順次、緊急事態宣言も解除されましたが、自治会・町内会が計画していた今年度の祭りやイベントの中にはすでに中止を決めたもの、開催を決め兼ねているところも多数あります。

イベントの開催には感染予防の観点から「ソーシャルディスタンス」、「手指の消毒」、「マスクの着用」が必須であり、飲食を伴う行事や熱中症のリスクが高まる夏季のイベントについては、自治体が延期や中止を検討するよう呼びかけています。

三密を避けるため、総会や役員会などの会議の開催もできません。

これが今年一年のことであれば、とりあえず何の活動もせず、収束を待って活動を再開させるということでも良いかもしれませんが、今後、二年三年と続くとしたら、何もしないのに会費を払うのかということにもなり、存在意義を問われることになるかもしれません。

(2)コロナ禍で困った時に助け合う、共助の大切さが再認識されている

一方、こうした中で存在感を放つ、自治会・町内会もありました。

コロナ禍では困った時に助け合う、共助の大切さが再認識されていますが、自治会・町内会の中には会員に対し、自治会・町内会費や積立金などから独自の給付金を支給するところもありました。

・別府市の京町自治会は自治会費を切り崩し町内約3百世帯に1万円ずつを配布[1]
・姫路市の神種自治会は会員全104世帯に臨時分配金一律10万円を交付
・川越市の仙波町一丁目自治会は会員一世帯当たり2万円の助成金の支給を決定

コロナ禍で活動が制限される中、中止となったイベントの予算などを会員に還元したり、新年度の会費の徴収を行わないことなども一つの助け合いかもしれません。こうした助け合いは自治会・町内会だけでなく、様々なところで見られます。

1｜別府市の京町自治会は自治会費を切り崩し、町内約３００世帯に1万円ずつを配布（大分経済新聞）
姫路市の神種自治会が会員の全１０４世帯に「臨時分配金」として一律10万円を交付（神戸新聞）
川越市で自治会独自の助成金１世帯２万円「共助の輪を広げたい」（毎日新聞）

「たすけあい」の理想と現実のギャップ

これからの社会に「たすけあいの意識」は必要か

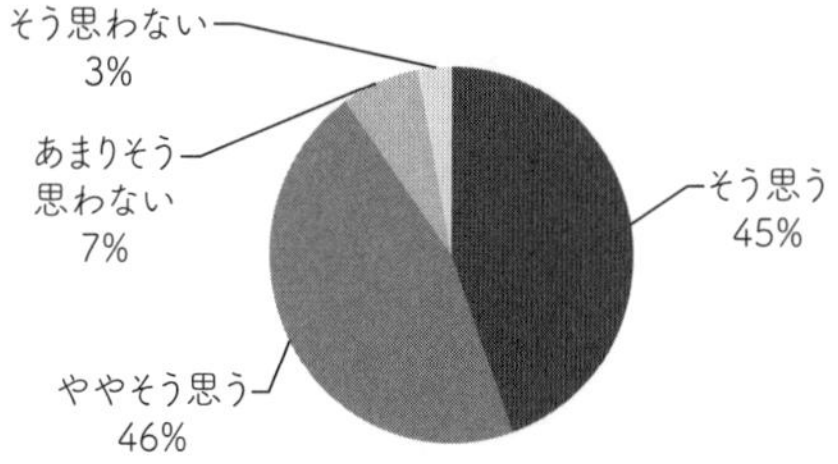

自身の「たすけあい」の意識の高まり

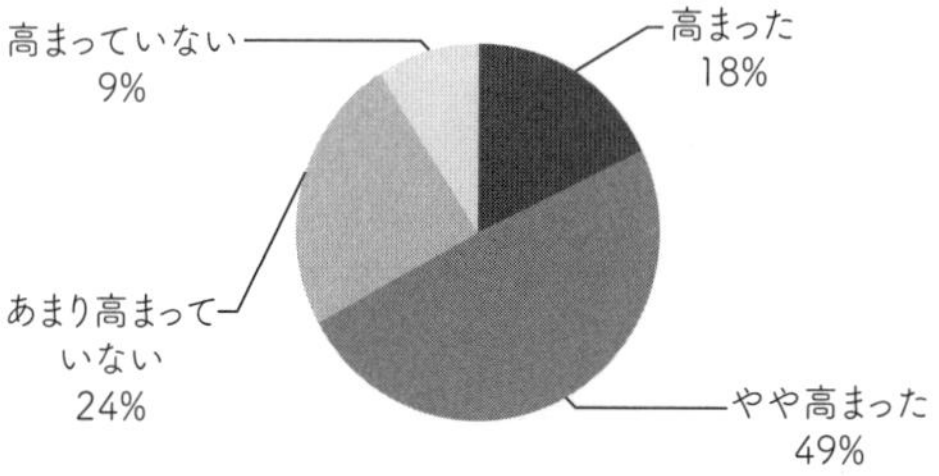

出典：こくみん共催coopコロナウイルス禍の「たすけあい」に関する意識調査

こくみん共済 ｃｏｏｐ〈全労済〉[2]が行ったコロナウイルス禍の「たすけあい」に関する意識調査では、多くの人が助け合いの必要性を感じていることが示されました。

これからの社会にたすけあいが必要だと思う人　90・2％
自分自身のたすけあおうという意識が高まった人　66・9％
新型コロナの影響を実感している人　69・9％
社会がたすけあいにあふれていると思う人　46・1％(コロナ禍前より約2割増)
たすけあいがあふれる社会に共感する人　82・2％

調査でこれからの社会に「たすけあい」が必要と思う人は9割超、「たすけあい」があふれる社会に共感する人は8割超、これが理想や希望、あるいはニーズだとして、「緊急事態宣言の生活のもと自身の意識の高まり」や「実際にそれがあふれていると実感できる人」の割合がやや低いというのは、現実にはそれを体感し、実感できる場を多くの人が持てずにいるということでしょうか。

アフターコロナ、ウィズコロナで、こうした助け合いが求められる中、その受け皿に自治会・町内会がなれるのか。あるいは新たな共助コミュニティが台頭し、その役割を負っていくことになるのか。これまで共助の要であった、自治会・町内会の真価が問われる時を迎えています。

（3）新たな生活様式、リモートワークで、地域に人が戻ってくる

もう一つの大きな変化が、新たな生活様式やコロナ禍で一気に広がったリモートワーク[3]（遠隔勤務）によって地域に人が戻ってきていることです。

総務省によると、２０１８年の企業のテレワーク導入率は約19％。それがコロナ禍で一気に拡大、東京商工会議所が実施したアンケートによると緊急事態宣言後のテレワーク導入率は7割近くになりました。

また、新型コロナウイルスの感染拡大を機に移住を考える人も増えています。

今年6月に内閣府が行った「新型コロナウイルス感染症の影響下における生活意識・行動の変化に関する調査」で、地方移住への関心が「高くなった」「やや高く

2　こくみん共済ｃｏｏｐ〈全労済〉コロナウイルス禍の「たすけあい」に関する意識調査を実施（https://www.zenrosai.coop/library/news_pdf/news-communication_511.pdf）
3　会社以外の場所で働く「遠隔勤務」を指し、情報通信技術（ＩＴ）を活用して時間や場所の制約を受けずに柔軟な働き方ができるテレワーク形態の一つ。テレワークの3形態は「在宅勤務」、「サテライトオフィス勤務」、「モバイルワーク」

なった」と答えた三大都市圏に住む人の割合は20代と30代で2割に達し、中でも23区に住む20代は3割を超えました。テレワーク経験者に関して地方移住、仕事だけでなく私生活の充実を望む「ワークライフバランス」への意識が変化した割合が高いことも分かりました。

他方、新たな動きとして注目されたのが、自治会・町内会におけるITの活用です。横浜市保土ヶ谷区の常盤台地区連合町内会[4]では5月末、ビデオ会議システム「Zoom（ズーム）」を使い役員会を開きました。コロナ禍で普段使用している会議室が使用できなくなり若手が提案したもので年配者には使い方を指導しました。こうした取り組みは、静岡県の島田市自治会連合会などでも見られました。

これまで自治会・町内会におけるITの活用はほとんど進んでいませんでしたが、コロナ禍で地域に多くの現役世代がいる今、ITに明るい若手を活動に引き込むチャンスでもあります。

4 「常盤台地区連合町内会会議をオンライン化　コロナ禍で若手が提案」（神奈川県全域・東京多摩地域の地域情報紙「タウンニュース」）「自治会にもオンラインの波　島田の連合会、会議システム試験導入」（静岡新聞）

第1章

自治会・町内会は何のためにある？複合リスク時代の「共助」

―増大する大規模災害、生活不安にどう備える―

自治会・町内会がまだ元気だった昭和の時代。１９７０年代の日本は国民一億総中流と称され、経済は右肩上がり、終身雇用で所得も安定しており、１９８０年後半から始まったバブル経済がはじけるまで自分の将来に不安を持つ人はほとんどいませんでした。

しかし、時代は平成、令和と変わり、今私たちの社会を見回すと新型コロナウィルス、頻発する豪雨や巨大地震などの大規模災害、それ以外にも様々な社会問題や生活リスクにさらされています。この間、社会はどう変化してきたのでしょうか。

内閣府の調査によると１９７０年自治会・町内会の加入率は９割を超えていましたが、１９６０年代にはすでに被雇用者と雇用者の比率が逆転、就業者のサラリーマン化や核家族化は進行していました。女性の社会進出が本格化した１９８０年代、地域や家族とのつながりの希薄化が言われはじめました。同じ頃、バブル経済の崩壊とIT化の進展とともに社会構造は大きく変化。非正規雇用労働者数が増加し、価値観の多様化とともに個を優先する利己的な考え方が社会に広がっていきました。

こうした環境変化の中、自治会・町内会の加入率は低下。担い手不足の中、活動は次第に停滞。役員の高齢化も進み、活動の衰退が深刻な問題となっています。

日本社会の構造変化

1960年	就業者の「サラリーマン化」が進む 雇用者と被雇用者の割合が逆転[*1]
1963年	「核家族化」が流行語になる
1970年	「自治会・町内会加入率」90.2％[*2]
1985年	女性の社会進出が本格化 「男女雇用機会均等法」成立
1989年	時代は「昭和」から「平成」へ
1990年	非正規雇用者数　881万人[*3]
1991年	バブル経済の崩壊が始まる
1995年	ウィンドウズ95登場により、IT化が進展
2003年	「個人情報保護法」が成立
2006年	就業者に占める雇用者の割合は85.7％へ[*4]
2014年	非正規雇用者数1962万人（90年の2.2倍）[*5]

出典：1,4 総務省「労働力調査」、2 内閣府「社会的関心に関する世論調査」、3,5 総務省統計局「最近の正規・非正規雇用の特徴」

日本社会の構造的リスク

1	総人口の28％が高齢者（2019年）
2	現役世代の38％が非正規雇用（2019年）
3	子どもの7人に1人が貧困状態、貧困率13.9％（2015年）
4	生涯未婚率は男性23％、女性14％（2015年）
5	単独世帯の割合は34％（2015年）

出典：1総務省「人口推計」、2総務省「労働力調査」、3厚労省「国民生活基礎調査」、4.5国勢調査

ただ、こうした現状に対する多くの自治会・町内会の認識はあくまで「住民の無関心」が問題であって、社会の変化に対応してこなかった自分たちの運営のあり方や現在の住民ニーズにマッチしていない活動内容だとは思い当たっていません。

加入率の低下や担い手不足に悩む自治会・町内会の方からよく受ける質問の一つに「自治会・町内会は何のためにあるのか」という問いがあります。輪番で仕方なく役をやらされているけど、そもそも自治会・町内会は何のためにあるのか。やっている本人も分からなくなっている活動に誰が参加するでしょうか。これこそが自治会・町内会の最大の問題といえます。

自治会・町内会の本来の目的は、様々な地域課題に対し、住民の相互協力によって解決を図ることにあります。

災害をはじめとする社会不安に対し、自分の身は自分で守る「自助」にも、いざという時の国や自治体による救助や支援「公助」にも自ずと限界があることは、今回の新型コロナウィルスでも明らかでした。

地域や人との絆、つながりによって助け合う「共助」がいかに大きな力になるか。互いに協力して助け合い、支え合う中でそう実感した方も多かったのではないでしょうか。「共助」こそ、これからの社会に必要とされる社会インフラであり、セーフティネットです。そして、その最大の受け皿こそ自治会・町内会のはずです。

増大する大規模災害、地域の高齢化、貧困や格差などの問題。いざという時に頼れる人が誰もいない無縁社会の広がり。地域に増える空き家や外国人居住者、そして自治会・町内会が最も頭を悩ますマンションの未加入問題。でも実はこの課題こそが自治会・町内会が今、最も必要とされる、活躍の場であるということに気づいているでしょうか。

時代は令和に変わり、コロナで社会は一変しました。直面する課題は大きく変化しているのに、自治会・町内会だけが昭和と変わらないやり方を続けている。問題は「住民の無関心」ではなく、自治会・町内会がその受け皿になれていない、「住民のニーズ」に応えていないことにこそあるのです。

そのニーズがどこにあるのか。自治会・町内会の必要性が分かるデータから見ていきましょう。

東日本大震災後、共助の重要さ認識する人が倍増した

しばらく前、日本人の意識を大きく変化させた出来事がありました。それが２０１１年に発生した東日本大震災です。内閣府の調査[1]で、「震災前と比べて社会における結びつきが大切だと思うようになったか」という問いに約８割の人が「前よりも思うようになった」と答えました。

震災後、強く意識するようになったことでは、「家族や親戚とのつながりを大切に思う」が最多でしたが、次いで「地域でのつながりを大切に思う」が約６割に上り、「社会全体として助け合うことが重要だと思う」も５割近くに及びました。

防災で自助、共助、公助のいずれに重点を置いた対策が必要かという設問で、２０１８年と２０１３年の回答を比較すると、自分の身は自分で守る「自助に重点を置いた対策」が約２割から４割近くに倍増。地域などで助け合う「共助に重点を置いた対策」が約１割から約２・５倍に増加しました。

その一方で、国や自治体、自治会・町内会などで毎年行われる防災訓練への参加率

は大きく変わらず、「参加したことがある」は約4割に留まり、頭では共助の必要性を感じていても実際の行動につながっていないことが分かりました。

阪神淡路大震災の時、瓦礫の下から公助（警察・消防・自衛隊）によって救助された人は約8千人。これに対し、共助（家族や近隣住民）によって救助された人は約2万7千人、公助の3倍以上に上ったことはよく知られています。

今後、三十年の間に70％の確率で発生するとされる首都直下や南海トラフのような巨大地震。２０１９年は台風15号（房総半島台風）、台風19号（東日本台風）が猛威を振るいました。コロナ禍で避難行動や避難所運営のあり方も見直しが迫られています。増大する災害リスクに対し、いかにして自分や家族の命や財産を守るのか。自助、共助、公助のあり方も問われています。

マンション住民の半数は、災害時に駆けつけてくれる人がいない

さて今、多くの自治会・町内会の一番の悩みといえば、マンションなどの「共同住宅」[2]の加入率の低さでしょう。近年はオートロックのマンションも多く、勧誘すらま

1―内閣府の世論調査「社会意識に関する世論調査」（平成24年）、「防災意識に関する世論調査」（平成25年、30年）
2―「共同住宅」とは一つの建物に複数の世帯が暮らせる住居があるマンションやアパート、団地、長屋などのこと。「集合住宅」ともいう

まならず、どうアプローチをしていいか分からないと頭を抱える日々です。

しかし、ただ一方的に加入してくれというだけではいつまで経ってもすれ違いです。マンションの住民の現状や課題を知り、そのニーズに沿った提案やアプローチをしていく必要があります。
[3]サステナブル・コミュニティ研究会が首都圏にある5棟のマンションに居住する１５７５戸を対象とした調査で、災害時の助け合いに関し「災害時に駆けつけてくれる人がいない」とした人は調査した5棟全てのマンションで5割を超えました。
これをマンションの築年数別に見ると、1年未満のマンションは「いない」が約8割と極めて高い数字を示しましたが、20年以上のマンションでも「いない」は過半数を占め、居住者の関係づくりは築年数の経過や居住の長さだけでは醸成されないことが分かりました。

興味深いのは居住者同士の日常のつきあいの程度を表す「顔と名前が一致する人の数」と、「災害時に駆けつけてくれる人」の関係を分析したところ、「顔と名前が一致する人」が多いほど、災害時に助けてくれる人が「いる」と答える割合が高まったことです。特に「顔と名前が一致する人」が20人以上いると答えた人の約7割以上が、

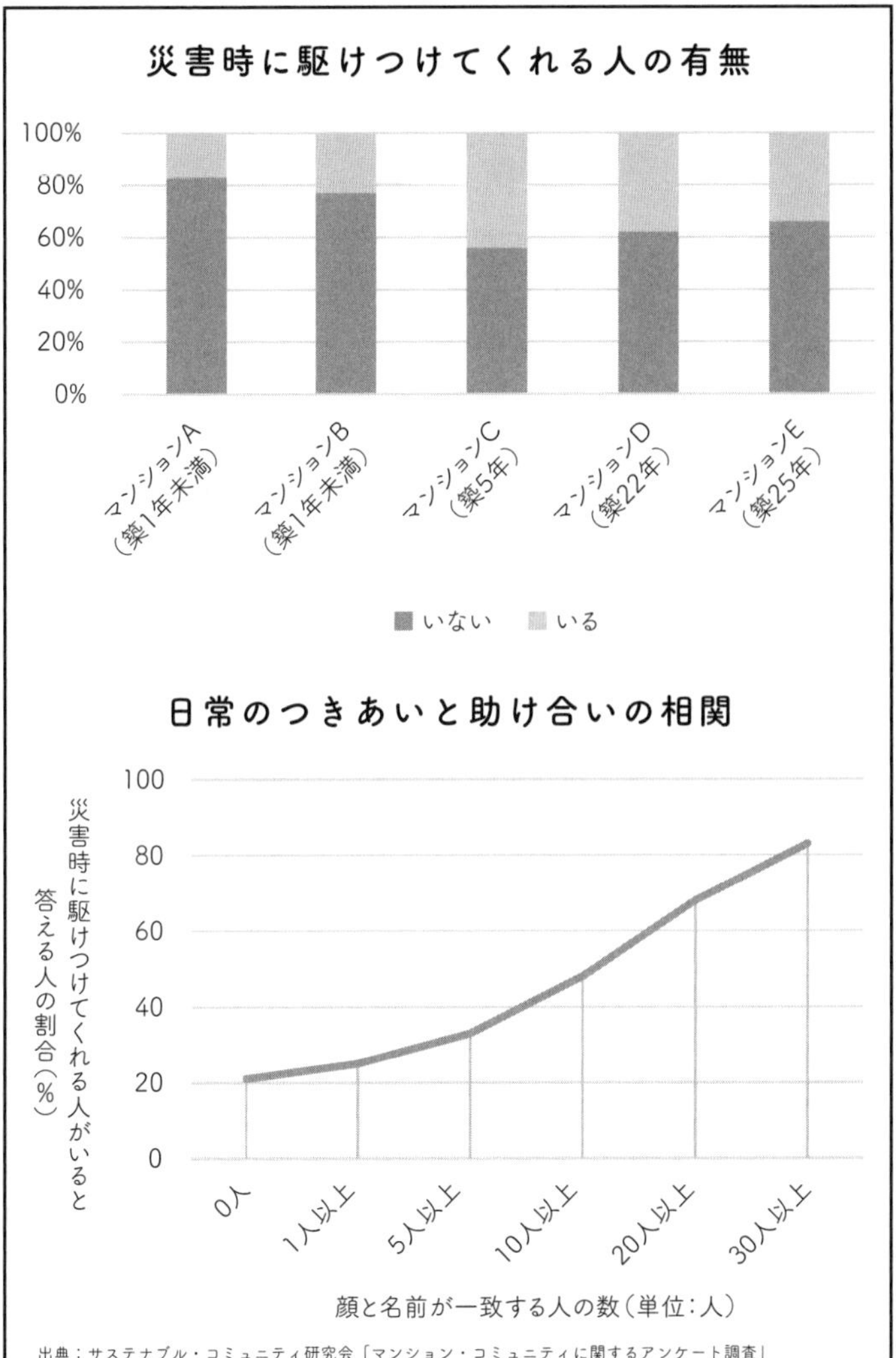

出典：サステナブル・コミュニティ研究会「マンション・コミュニティに関するアンケート調査」

3　三井不動産グループ　プレスリリース「マンション・コミュニティに関するアンケート調査〜有事の共助と日常のつきあいの関係が明らかに」（2014年）https://www.mfr.co.jp/

「災害時に駆けつけてくれる人がいる」と考えており、マンション居住者間の日常のつきあいを深めていくことが災害時の共助を進める上で効果的であることが明らかになりました。

つながりを失った世界で広がる無縁社会と孤立

困った時に助け合う「共助」の基礎となるのは地域や人とのつながりですが、そのつながりは希薄化しており、困難に見舞われ社会で孤立する人も少なくありません。

無縁社会という言葉は2010年にNHKが制作したテレビ番組「NHKスペシャル　無縁社会～無縁死3万2千人の衝撃～」が使った造語で、希薄化する地域コミュニティや家族との絆に加え、終身雇用の終焉によって会社との関係も変化、つながりが失われた社会について問題提起するものでした。

病気やケガをして働けなくなった時、失業してお金がない時、少なくとも家族の誰かが助けてくれる、力になってくれると考えてきましたが、それも当たり前ではない社会になりつつあります。

２０１２年１月、北海道で同じマンションに暮らす40代の姉妹が孤立死しているのが見つかりました。姉は年末から年明けに病死、知的障害があった妹は自力では生活できず、そこで凍死したとみられています。姉妹の生活は月７万円ほどの障害者年金に頼るもので、料金滞納により前年の11月よりガスが止められていました。極寒の北海道で暖房がない中、姉妹はどのような生活をしていたのでしょうか。姉は３年ほど前から度々、役所を訪れ生活保護などの相談をしていましたが、結果的に生活保護を受けることはできませんでした。40代というまだ若い年齢のせいでしょうか。

それにしてもこの姉妹には困った時に助けを求められる人が他にいなかったのでしょうか。この悲しいニュースが流れた時、もし知っていたら自分にも何かできることがあったのではないかと思う人はきっとたくさんいたはずです。

自治会・町内会は何のためにあるのか。その第一の役割は地域の人と人をつなぐ、顔の見える関係を作ることです。人と人がつながっていれば、直接的な支援でなくても相手の窮状を知って声をかけ、相談に乗って必要な支援につなげることもできます。

困った時に誰にも助けを求められない無縁社会ではなく、地域や人とつながり、いざという時には誰かが手を差し伸べてくれる有縁社会へ変えていく。自治会・町内会の中には孤立死を防ぐ、地域の声がけ活動に力を入れているところもあります。

人生100年時代、3人に1人が高齢者という未来

自治会・町内会において地域の高齢化も大きな課題です。

日本の総人口は2018年10月1日現在、約1億2644万人。日本人の平均寿命[4]は現在、女性87歳、男性は81歳を超え、女性の2人に1人は90歳まで生きるとされています。2019年100歳以上の人口は7万人超。2018年には総人口に占める高齢化率（65歳以上の人口割合）は28％を超え、75歳以上の比率が65～74歳の人口を上回りました。高齢化率は2036年には33％を超え、3人に1人が高齢者という未来が到来します。

2007年生まれの2人に1人は100歳を超えて生きる「人生100年時代」[5]。長寿は喜ばしいことですが、そうなると安心して生きられる老後環境も不可欠です。昨年は金融庁の金融審査会の報告書で示された「老後2000万円問題」が注目を集めましたが、老後の不安はお金だけではありません。住まいや健康、介護の問題など、

様々な心配事が出てきます。

高齢になり、独居で近くに家族や友人もいない場合、頼る人や相談相手もなく、体力の低下で庭木の手入れや電球の交換もままならない。交通が不便で移動手段が限られる地域では近くに病院や日常の買い物ができる商店がないなど不便な生活を強いられることもあるでしょう。

独居の高齢者であっても安心して暮らせる人とのつながりや居場所づくり、高齢者の見守り活動、生きがいや仕事づくりなど、地域で助け合う共助の仕組みづくりが求められています。

増える空き家、マンションで進む「2つの老い」

近年、地域で増加する空き家に悩まされている自治会・町内会も少なくありません。

2018年の日本の住宅総戸数は約6千240万戸、その14％（約849万戸）が空き家です。[6]

4―内閣府「令和元年版高齢社会白書」、国立社会保障・人口問題研究所「日本の将来推計人口」中位推計
5―『Life Shift』の著者、L・グラットンが提言。国は「人生100年時代構想会議」を設置している
6―「平成30年住宅・土地統計調査」（総務省統計局）

空き家の中には所有者不明や管理不全のものもあり、不審者や野生動物が入り込んで様々な問題を起こしたり、建物が老朽化し倒壊や景観を損ねる恐れもあります。

2014年通称「空き家法」[7]が制定され、生活環境等に悪影響を及ぼす「特定空家等」については行政の指導や勧告、代執行による除去もできるようになりましたが、空き家は戸建て住宅に限った問題ではありません。

2013年東京都[8]の空き家総数は約82万戸。うち約16万戸に腐朽・破損が見られました。空き家の約6割（約53万戸）はマンションなどの共同住宅です。居住世帯が長期不在等の空き家は約11万戸あり、うち約5万戸が非木造の共同住宅の空き家です。今現在、空き家でないものも居住者が高齢夫婦のみ、高齢単身者であれば、将来空き家に転じる可能性があります。空き家の数は東京23区で約60万戸に上り、空き家数ワースト3は大田区の約6万戸、世田谷区約5万戸、江戸川区約4万戸。空き家率ワースト3は豊島区、大田区、中野区が全国平均の13・5％を上回ります。

東京のマンションストックの約2割（約36万戸）は1981年以前の旧耐震基準で建てられており、その多くに耐震性不足の懸念があります。建設から年月を経て老朽化が進み、大規模修繕やメンテナンスが必要となっているものも増えていますが、修繕積立金が不足して必要な修繕ができないマンションも出てきています。

完成年が古くてもマンション購入の際に考慮される上位の項目、駅からの距離などの交通利便性や日常の買い物環境など、好条件を備えた物件であれば、リノベーションにより付加価値をつけることで居住者の世代交代は進みます。

しかし、建物と居住者の「2つの老い」が同時に進行するマンションでは様々な問題が噴出しており、修繕も適切な管理もできないマンションが廃墟化する事例も出ています。自治会・町内会ではこうしたマンション個々の事情を汲んで、それぞれのニーズにマッチする勧誘や参加のアプローチ法を考える必要があります。

増え続ける外国人居住者とどう共生する？

近年、自治会・町内会のお悩みの一つに上がるようになったのが増加する外国人居住者との関係です。ゴミや騒音などのトラブルから犯罪やテロ、感染症などを懸念する声もあり、地域の治安や生活環境の悪化を招けば、風評被害や地域ブランドの毀損をもたらすこともあります。

7―正式名称「空家等対策の推進に関する特別措置法」
8―東京都「空き家の現状と取組（資料集）」、「マンションストックの状況」

コロナ前、国内の人手不足は深刻で、様々な産業が外国人労働者に依存しており、国は労働者不足を補うため、外国人労働者や外国人留学生の受け入れに力を注いできました。[9]2015年度以降、外国人労働者数は毎年10万人を超えるペースで増加。2019年末の在留外国人数は293万人を超え、総人口の約2%を占めました。

しかし、増加する外国人を受け入れる日本社会は未だ、外国人を単なる安い労働力としてしか扱っていないように見えます。技能とは程遠い単純作業に長時間就かせ、低賃金や給与未払いなどの問題を引き起こしている技能実習生制度は、見直しを迫られながらも今も放置されたままです。

2019年「外国人が働きたい国ランキング」[10]における日本の順位は33ヶ国中32位という不名誉な結果となりました。日本は全ての項目で評価が低く、特に賃金とワークライフバランス、子どもの教育環境で最下位となりました。このままではいずれ日本に働きに来てくれる外国人はいなくなるのではないでしょうか。

すでに私たちの社会の中でなくてはならない存在だからこそ、外国人とどう共生していくのか考えていく必要があります。

9―厚労省「外国人雇用状況の届け出について」文科省「外国人留学生在籍状況調査」
10―英金融大手HSBCホールディングスが行った「各国の駐在員が働きたい国ランキング」

第2章

待ったなし！大規模災害への備え

―自助・共助・公助の課題と対策―

阪神淡路大震災以降、日本は多くの災害に見舞われ、平成を「災害の時代」と呼ぶ人もいます。特にここ数年は毎年のように五十年に一度、百年に一度と称される大規模災害が発生。想定をはるかに超えた被害をもたらす自然の脅威を目の当たりにして、気候変動に伴う地球環境の変化を肌で感じるようになってきました。

一方でこうした災害が発生する度、過去の災害が何の教訓にもなっていない国や自治体の対応を見て苛立ちを覚えることもあります。

阪神淡路大震災や東日本大震災など、これまで発生した大規模災害では被害の実態や災害時の対応の検証が行われ、そこにどんな課題があったか、その時どうすべきだったのかを分析した分厚い報告書が毎回作られます。しかし、その貴重な教訓やノウハウはどれだけ活かされているのでしょうか。

被災した自治体の長が想定外を繰り返し、自分のまちや家は安全だと思っていたと言う住民の声を聞く度、思わずもういい加減学ぼうよと言いたくなります。

一方、こうした災害で力を発揮するのが地域の絆、自治会・町内会などによる防災や減災を目的とした共助です。ただ、一部に地域が団結していざという時に頼りになるしっかりとした活動している団体がある一方、それぞれ防災対策はしていても近年

平成以降、主な日本の大規模自然災害

西暦年	主な大規模災害	概況
1995	阪神淡路大震災	最大震度7　死者6,437人
2004	新潟県中越地震	最大震度7
2007	能登半島地震	最大震度6強
	新潟県中越沖地震	最大震度6強
2011	東日本大震災	最大震度7　死者22,010人
2014	平成26年8月豪雨	広島で大規模土砂災害など
2015	関東・東北豪雨	堤防決壊、茨城などで被害
2016	熊本地震	最大震度7（史上初2度発生）
	北海道に3つの台風	鉄道寸断、農業被害甚大
2017	九州北部豪雨	福岡、大分で多数の人的被害
2018	西日本豪雨	真備町などで大きな被害
	台風21号	連絡橋被害、関空冠水閉鎖
	北海道胆振東部地震	日本初のブラックアウトが発生
2019	房総半島台風（台風15号）	千葉ではインフラにも甚大な被害
	東日本台風（台風19号）	東日本の広い範囲に大きな被害

〔台風15号による停電と復旧までの日数〕

9月9日　関東広域で最大約93万戸の停電が発生
9月11日　東京、神奈川、埼玉、茨城、静岡各都県はおおむね復旧
9月21日　千葉県の停電件数1万戸以下（ピーク時と比較し99％が復旧）
9月24日　大規模な倒木や土砂崩れ等による復旧困難箇所や、低圧線や引込線上の障害が残っている一部の家庭以外の復旧が完了した

出典：「台風15号に伴う停電復旧プロセス等に係る検証について」（経産省）

の大規模災害に対応する十分な備えや対応があるかといえば、未だ多くが昭和の頃と変わらないやり方で活動を続けているのが現状です。

今、必要な災害への備え、共助の役割とは何か。多くの人が共助の必要性に目覚めつつある今こそ、そのニーズを知り、応えることこそが新たな会員や担い手の獲得に直結するはずです。

そのためにはまずは過去の災害の教訓を学び、今後の自治会・町内会活動がどうあるべきかを考えましょう。

(1)学ばない国ニッポンの自助・共助・公助の現状と課題

予期せぬ災害に見舞われ、甚大な被害を受けた際、誰が自分や家族の命や財産を守ってくれるのか、日頃から防災や減災について考えているでしょうか。国や自治体から受ける「公助」。いざとなったら国や自治体が助けてくれると思っている方もおられるかもしれませんが、国[1]では公助を次のように位置づけています。

自然災害が発生した場合、住宅の再建等、居住の確保については保険・共済等の「自助、共助」が基本であり、「公助」はそれを側面的に支援するというのが基本的な考え方である。

国や自治体の財源や人員にも限りがあります。大規模な災害に際し、被害を最小限に抑え、早期に生活の復旧・復興を果たすためには、自助、共助、公助の「3助力」を効果的に組み合わせ、最大の効果を上げていく必要があります。

たとえば、昨年の台風19号では首都東京でも多くの人が避難所に押し寄せたため、都内13の自治体で避難所が満員となり、避難者を受け入れできない事態になりました。

そもそも避難所は全ての住民を受け入れるだけのキャパシティを有していません。東京都では平成30年4月1日現在、2，964ヶ所（協定施設等を含む）と福祉避難所1，397ヶ所の避難所が確保されていますが、収容人数は約317万人。避難所に入れるのは都民1千4百万人の2割ほどです。

一般的に地震などの災害時、避難所に入れるのは自宅が倒壊もしくは焼失した人やその恐れのある人に限られます。マンションなど躯体のしっかりした建物に居住する

1 内閣府「保険・共済による災害への備えの促進に関する検討会」

大都市圏の住民の多くは自宅避難が想定されます。

コロナ禍では避難のあり方も変わってきます。「分散避難」が言われていますが、これまでの避難所への避難に加えて「親戚や知人宅」、「在宅での避難」や「車中泊」などのほか、ホテルなどの「宿泊施設」が選択肢と示されているところです。

自宅が安全でない場合、どこに避難するのか。自助には限界があり、公助もあてにできないとしたら、誰に頼り、何時どこに避難するか考えておかなくてはなりません。

住宅や生活再建に向けてはどんな公助があるのか、自助・共助との線引きも被災して初めて知るのではなく、事前にそのバランスを考え、備えをしたいところです。

公助を受けるにも被災状況や所得など国などが定めた要件があり、それに合致しなければ支援を受けることはできません。「応急仮設住宅」や「災害公営住宅」も希望すれば、誰でも入居できるわけではありません。「義援金」にも支給要件があり、受け取るには申請手続きも必要です。まずはどういう時にどんな支援が受けられるかを知り、不足は保険や共済など自助で備え、それでも不足する部分をどう補完するかを考えなくてはなりません。

また、公助力は自治体の「受援体制」に大きく左右されます。災害時、応急対応で外部から支援を受ける際、この受援体制ができていないと、全国から届く支援物資が避難所に届かなったり、ニーズと合わないものが大量に届き、ムダになったり、廃棄せざるを得ないもの出ます。

避難所の運営にしても自治体職員や施設管理者だけでは限界があります。良好な避難所運営を行うためには自治会・町内会や地域住民、被災者などの協力が不可欠で、そのためには日頃から関係者が連携して、避難所運営マニュアルを備え、それがきちんと機能する体制を作っておかなくてはなりません。

慣れない避難生活はストレスに満ちています。避難所にはプライバシーもなく、衛生状態も良くありません。パン一つもらうのに長い時間並び、トイレにも長い順番待ちの列ができます。誰一人知り合いがいない避難所でこうした生活を強いられるとしたら、体調が悪くても声をかけてくれる人も相談できる人もいないとしたら、どれだけ苦痛で不便でしょうか。

そうならないためには日頃から地域で顔の見える関係を作ったり、困った時に助け合えるよう地域の防災訓練やコミュニティ活動に参加したり、自治会・町内会に加入するのも一つの選択肢でしょう。いざという時に頼れる人や仲間が近くにいれば、声

住宅再建・生活再建の枠組み

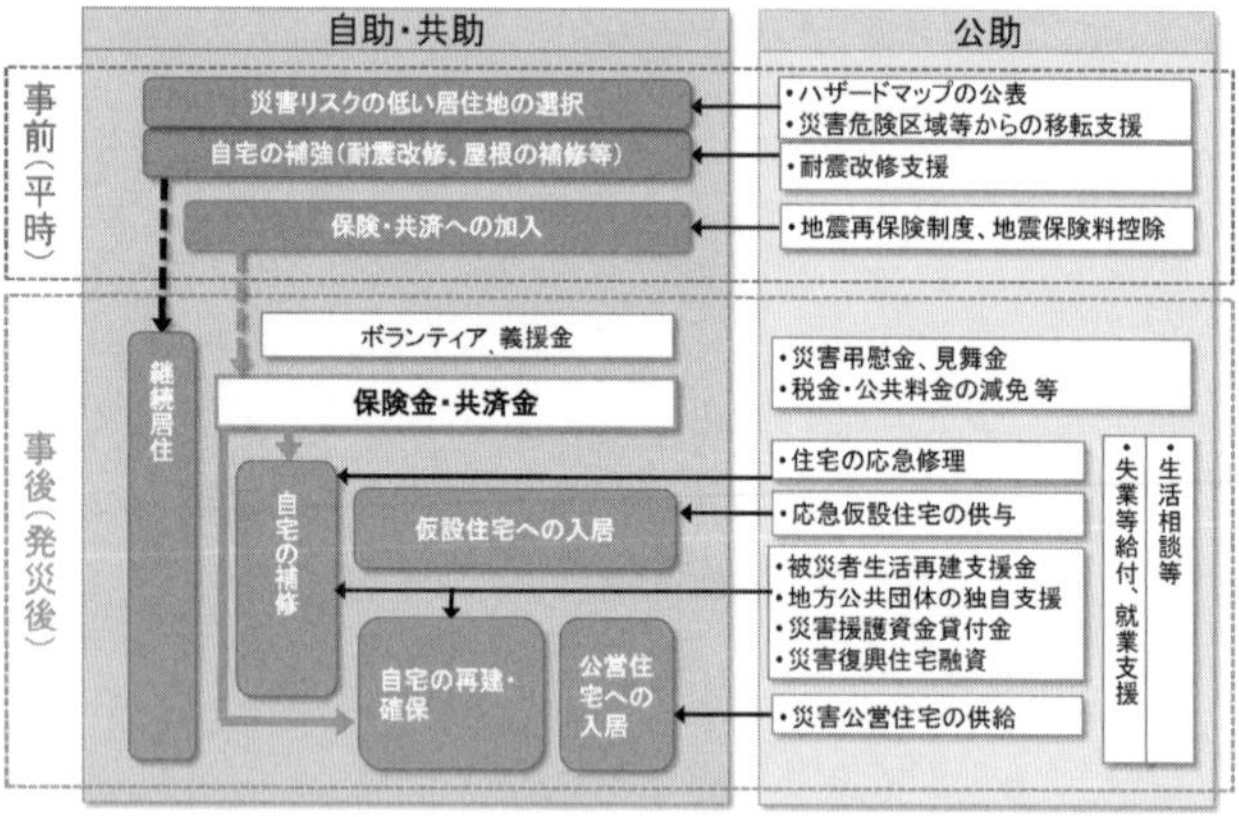

出典：内閣府「保険・共済による災害への備えの促進に関する検討会」第1回資料

公助（例）　東日本大震災の場合

〔災害弔慰金〕

生計維持者死亡は500万円、他の死亡は250万円
重度の障害へ災害障害見舞金

〔災害援護資金（貸付）〕

負傷又は、住居・家財の被害に対して
貸付限度額　350万円（所得制限有）

〔生活復興支援資金（貸付）〕

低所得者に当面の生活費や転居費
一時生活支援費（当面の生活費）　月20万円以内（貸付期間：6月以内）
生活再建費（住居の移転費、家具などの購入に必要な経費）　80万円以内
住宅補修費：250万円以内

〔**避難所**〕
災害のため住家が滅失した被災者に、応急的に提供される。
災害直後の混乱時に避難を要す者を一時的に受け入れるための場所。

災害救助法による救助の種類等
1　避難所及び応急仮設住宅の供与
2　炊き出しその他による食品の給与及び飲料水の供給
3　被服、寝具その他生活必需品の給与又は貸与
4　医療及び助産
5　被災者の救出
6　被災した住宅の応急修理
7　生業に必要な資金、器具又は資料の給与又は貸与
8　学用品の給与
9　埋葬
10　前各号に規定するもののほか、政令で定めるもの

※宿泊施設等を避難所として借り上げ（自治体と組合が協定）

〔**応急仮設住宅**〕
・対象者は、住家が全壊又は流失し、居住する住家がない者で自らの資力では住宅を得ることができない者に提供される。
・着工は災害発生の日から20日以内とされているが建設場所がない、又は決まらない場合、建設までに時間を要することも少なくない。
・1戸当たり平均29.7㎡（9坪）を標準とし、供与期間は原則建築工事が完了した日から2年以内。

※東日本大震災以降、民間賃貸住宅を「みなし仮設住宅」として活用も

〔**災害公営住宅**〕
災害により住宅を失い、自ら住宅を確保することが困難な者に対し、地方公共団体が国の助成を受けて整備する低廉な家賃の公営住宅。
但し、家賃は入居後、一定の年数が経過すると段階的に引き上げられる。収入基準による増額、高額所得者に関しては明け渡しが求められる。

をかけ合って励まし合い、協力してより快適に過ごせる環境づくりもできます。

自治会・町内会においてはこのニーズを汲み取り、「いざという時に頼りになる存在」として、求められる活動や運営のあり方を再考していかなくてはなりません。

本章では2016年に観測史上初となる最大震度7を二度記録した「熊本地震」の災害対応から、今後私たちを襲うかもしれない大規模災害における自助・共助・公助がどうあるべきかを学んでいきましょう。

(2)熊本地震の教訓に学ぶ！　今、知るべき被災地のリアル！

観測史上初となる最大震度7を二度記録した熊本地震、その災害対応は実に失敗の連続でした。予想もしていなかった巨大地震に襲われ、混乱を極めた熊本市では行政機能がマヒ、避難所でも多数のトラブルが発生しました。

後にその失敗に学び、数々の先駆的な取り組みを行い、今や地域防災のトップランナーになった熊本市は、自分たちの失敗に学んでほしいと熊本地震の教訓を伝える活動をしています。

昨秋、筆者は熊本市中央区の招きで熊本地震発生以降、初めて熊本入りしました。目的は共助の要である自治会・町内会の支援に向けた講演会と意見交換会でした。その時、熊本地震で市民生活部長（当時）として支援物資対策本部の現場責任者を務められた井上学さんから直接お話をお聞きすることができました。

熊本地震は2016年4月14日、午後9時26分に発生した最大震度7の前震、その28時間後の16日深夜1時25分に発生した二度目の最大震度7を含め、震度6以上の地震が7回も発生するという観測史上初となる大規模災害となりました。

井上さんはじめ市の災害対応で中心となった職員の皆さんから聞く被災地の現場の状況は想像以上に過酷で緊迫したものでした。

前震の災害対応が一段落したと思った矢先、本震に襲われた井上さんは市役所の12階にいました。揺れが来た時、すぐに机に潜ったものの机ごと飛ばされて額を切りましたが、その時は恐怖で切ったことすら気づかなかったといいます。直後、市庁舎の火災警報が鳴り、庁舎に残っていた職員とともに急いで階段を降り市役所の建物の外に逃げました。その瞬間、土煙とカビ臭いにおいがして市役所のすぐ横にある熊本城の石垣が崩れたことが分かったそうです。

その時、空を仰いだ先にある満天の星を眺めながら、もう熊本はこれで終わるんじゃないかと本気で思ったといいます。揺れが落ち着いた午前3時半頃、市役所に戻ることを決意。停電によりエレベーターは停止していたため、階段を使い12階へ上がりました。そこで自宅に電話を入れましたがなかなか通じず、ようやく電話に出た娘さんに「市役所が倒壊したら、お父さんは死ぬかもしれんから、あとは頼むよ」と言ったそうです。

しかし、この後、井上さんたちは予想もしていなかった困難にぶち当たり、災害対策本部となる市役所はじめ避難所など、災害対応の現場は大混乱に陥っていくことになりました。

ここでは井上さんの証言と熊本市が作成した「平成28年熊本地震　熊本市震災記録誌」から、熊本市に立ちはだかった7つの想定外とその事態にどう対処し、乗り越えていったかを見ていきましょう。

想定外の壁①　同じ震度7でも、本震のエネルギーは前震の16倍！

はじめに熊本地震と熊本市の被害の概略を確認しておきましょう。

熊本地震の二度の震度7の発生はいずれも夜間であったため、発災時、多くの人は自宅にいる時間帯でした。そのため東日本大震災などと比べ、死者や負傷者などの人的被害は災害の大きさに比べ最小限に抑えられました。もしこれが昼間の時間帯、特に土日祝日の昼間などに発生していたら市民はもちろん、熊本城などを訪れる訪日客などの観光客にも多くの犠牲が出ていたでしょう。

この地震で熊本城では天守閣や国の重要文化財の櫓《やぐら》のほか、石垣の2割から3割が崩落するなど大きな被害が出ました。復旧には20～30年かかるとされており、2019年の秋には一部で特別公開も始まりましたが、今も多くの場所で石垣などの崩落が見られます。もしこの石垣の下を歩いていたら一たまりもありませんでした。

一方、住宅は市の総世帯数32万世帯の4割超となる約13万6千棟に被害が出ました。一度目の前震のマグニチュードは6・5、熊本市内の最大震度は6弱で何とか持ちこたえたものの、本震では最大震度6強に見舞われ、多くの被害が出ました。本震のマ

復旧工事が進む熊本城 2019年秋の特別公開の姿

天守等が大きな被害を受け、完全復旧まで20～30年かかるとされる熊本城。2019年10月より復旧が進む熊本城の一部を公開する第1弾の特別公開が行われ、その雄姿を目にすることができた。

2020年6月には新型コロナウィルスの影響で延期になっていた第2弾の特別公開を開始した。ホームページでは「特別見学通路の見どころ」を動画で紹介している。

熊本城の公式ホームページ
https://castle.kumamoto-guide.jp/

グニチュードは7・3、地震のエネルギーは前震の16倍に当たり、これにより電気やガス、水道、通信などのインフラにも大きな被害が出ました。

市内ではショッピングモールの天井や商店街のアーケードが崩落、市民ホールの天井が落下。避難所となる学校の体育館が被災し避難所として使えなくなったものもあり、市の本庁舎も100ヶ所以上で被害を受けました。

本震発生後、電気は熊本・大分両県で最大約48万戸が停電、熊本市では一時約28万戸で停電が発生し復旧

2016年の熊本地震と熊本市の被害の概要

〔**熊本地震の概要**〕

前震　4月14日21:26　　最大震度7（M6.5）
本震　4月16日01:25　　最大震度7（M7.3）

本震のエネルギーは前震の16倍!!

観測史上初、震度7の地震が立て続けに2度発生
観測史上初、震度6弱以上の地震が7回発生
余震の発生回数（累計）　4,400回超

〔**熊本市の被害**〕　前震：最大震度6弱、本震：最大震度6強

人的被害
死　者：87人
　直接死：6名
　関連死：81名
重傷者：770人

（令和元年　8月31日現在）

住家被害	**り災証明交付件数**
全壊：	5,765棟
大規模半壊：	8,969棟
半壊：	38,946棟
一部損壊：	82,759棟
合計：	136,449棟
※液状化戸数	約2,900戸

〔**被害額**（試算）〕1兆6,363億円　（平成28年8月31日時点）

〔**インフラへの被害と復旧までの日数**〕

電気	停電	278,400戸	4/18日復旧（4日後）
水道	断水	326,000戸	4/30日通水（16日後）
ガス	供給停止	100,900戸	4/30日復旧（16日後）
通信	停波	最大約400局	携帯各社4/20～27日復旧

交通　九州新幹線が全線運転休止、阿蘇くまもと空港一時欠航
道路　約7,400ヶ所が被災、延べ179ヶ所で通行止めが発生

※同年6月には豪雨被害にも見舞われた

まで4日を要しました。水道やガスは完全復旧までに2週間以上、通信は固定電話の復旧に約10日、携帯電話は最も早かったNTTドコモで4日、KDDIは10日かかりました。この他にも九州新幹線をはじめとする鉄道、熊本空港、路面電車やバス路線などの公共交通機関がストップ。道路や橋梁にも多くの被害が出て、市内だけでも179ヶ所で通行止めが発生しました。

こうしたことから前震では大きな混乱がなかった熊本市の災害対応も本震の発生によって経験のない事態とパニックに陥っていくことになりました。

想定外②　活かされなかったマニュアル、想定を超えた被害と混乱

前震では混乱を見せなかった熊本市の災害対応が本震によって一変した理由はどこにあったのでしょうか。

原因の一つは本震の発生が深夜1時過ぎだったことです。その時、庁舎に残っていた職員はわずかでした。加えて発災後、速やかに庁舎に参集するはずの職員が被災。道路や橋梁が大きな被害を受けたことで足止めされた職員もいて、初動でなすべき職

員の安否確認や参集状況の確認さえままなりませんでした。

初めての経験で職員も動揺しており、また市民などから次々寄せられる問い合わせの電話や行き場を失って庁舎に押し寄せた避難者への対応に追われ、本来なすべき災害時の初動対応ができませんでした。

これに追い打ちをかけるように役所が使用不能などの誤報、不正確な情報やデマなどが飛び交い、混乱に拍車がかかって職員はその対応に忙殺されました。市民から寄せられる数千通のメールもほぼ未読状態。こうした状況下で行政機能は低下、災害対応の態勢づくりに1日から2日間を要することになりました。

しかし、自治体ではこうした災害に備え、予め「地域防災計画」を策定、マニュアルに定められた行動計画に基づき対応を行うものとされています。マニュアルは機能しなかったのでしょうか。

井上さんは既存のマニュアルは機能しなかったと振り返ります。後の検証ではマニュアルは作成したものの一部職員を除いてマニュアルの存在を知らなかったり、知っていても内容を見たことがないなど、マニュアルを把握していない職員が多かったことが分かりました。

熊本市は災害時に現場が混乱して業務が滞らないよう、災害時に継続する業務と中断する業務を定めておく「業務継続計画（ＢＣＰ：Business Continuity Plan）」[2]も策定していましたが、結果としてそれも機能しませんでした。計画では震度6強の直下型地震の想定もしていましたが、その存在すら知らない職員が大半だったのです。まさに絵に描いたもちですが、過去の災害を見ればこうしたことは熊本市に限らず、どのまちでもあり得ることで、自分のまちは大丈夫だろうかと心配になります。

何故、こんなことになったのか。根底には「まさかこんな大地震が発生するはずない」という思い込みがありました。誰もこれが本当に必要になる日が来るとは思っておらず、自分事として考えていなかったのです。

熊本市では大規模災害で欠かせない「り災証明」の受付や発行に関する規定やマニュアルも整備されていませんでした。そのせいで熊本地震では証明の発行が大幅に遅れる事態を招きました。

また、被害想定にも甘さがありました。熊本地震発生以前の地域防災計画では避難者数を約5万8千人と想定しており、前震の避難者約6千人に対しては想定に応じた備蓄約3万6千人分（約22万食）の範囲内で対応できました。しかし、その後発生し

熊本市「地域防災計画」における想定と現実

〔想定の避難者数〕

熊本市の人口	約74万人（約31万世帯）
指定避難所数	171ヶ所
避難者想定数	約58,000人
備蓄	約36,000人（22万食分/人口の約5%を想定）

〔実際の避難者数〕

最大避難所開設数	267ヶ所	（避難所の完全閉鎖は9/15）
最大避難者数	110,750人	想定の約2倍！

※上記は市が把握している指定避難所の避難者数、車中泊やテント泊などを含めると実際には30万人近くが何らかの形で避難したと考えられている

〔想定外の事態と市の機能低下〕

- 初めての経験に職員が同様、マニュアルが機能せず
- 市役所職員の安否確認や参集状況が把握できない
- そんな中、本庁舎・区役所に多くの避難者も押し寄せてきた
- 次から次へ問い合わせの電話が殺到、その対応に忙殺される
- 災害対応の態勢作りに1～2日間混乱が続く
- つかめない被害の全容、デマも飛び交う

2―企業や自治体などで、自然災害や火災、テロ攻撃などの緊急事態で被害を受けた時、重要業務を中断させない、又は可能な限り短い期間で業務が再開できるように備えるもので、平時にその業務や手順などを定めた計画書のこと

た本震で備蓄は一気に底をつき、発注を行った物資も予定通りには届かない事態に陥ることになりました。

想定外③　災害対策本部が直面した「初動対応」4つの壁

市本庁舎に設置された災害対策本部では初動で4つの壁にぶつかりました。

1つ目は本震により避難所に想定の2倍近い約11万人もの避難者が押し寄せたことです。熊本市が当初開設を予定していた指定避難所は171ヶ所。しかし、これでは到底足りず、区役所やグラウンドなど市の施設100ヶ所近くを追加指定。最大で267ヶ所に増やしましたがそれでも収容しきれず、車中泊やテント泊など、多くの人が避難所以外での避難を強いられることになりました。

2つ目は情報管理の問題です。不安や情報不足の中、SNSで情報拡散した「動物園からライオンが逃げた」というデマや支援物資に関する誤情報に対し、市民やメディア、関係各所から問い合わせの電話やメールが殺到。そこに限られた人員を奪われ、本来最優先すべき被災者支援などの応急対応ができませんでした。

3つ目は受援体制の構築ができていなかったことです。受援体制は発災時に物資や他の自治体等の公的機関からの応援職員の派遣、ボランティアの受け入れなど、外部からの支援を受けるための仕組みです。

災害の前に「受援計画」が策定されていれば、発災時に誰がどう動くのか、応援職員に依頼する業務は何か、どこにボランティアを派遣するかなどが決められており、混乱なく支援の受け入れができます。しかし、熊本市ではこうした受援計画がなく、全国から寄せられる大量の支援物資を前に現場は混乱。支援に駆けつけてくれた応援職員やボランティアは何をどう支援して良いか分からず、せっかくのマンパワーを十分生かすことができませんでした。

4つ目は混乱に次ぐ混乱となった支援物資のオペレーションです。物資搬送拠点となった「うまかな・よかなスタジアム」（現えがお健康スタジアム）には、全国から送られた支援物資の多くが荷ほどきもされないまま山積みになっているのに、避難所では物資が届かないと言っている。それがメディアで報道されると大きな批判を浴びました。

想定外④　支援物資が届かない！　できていなかった「受援体制」

避難者にとって支援物資は命の綱です。受援体制が確立されていない場合、どんな事態に陥るのでしょうか。

井上さんは本震の3日後に支援物資対策本部長を命じられ、20日間に渡って物資の集積所に泊まり込み、24時間体制で支援物資の受け入れや避難所への配送の采配に当たりました。

支援物資は発災からしばらくの間は避難所の要望を聞くのではなく、必要と考えられる物資を緊急搬送する「プッシュ型」[3]で行われていました。物資はまず市内5つの区役所に10トントラックを各1台配送。本震前には「支援物資はもう要らない」という状況でした。それが本震発生の朝には「基本もらえるものはナマモノ以外頂く」という方針に転換し、市のホームページに支援物資の要請情報を掲載しました。

これが混乱の始まりでした。その2日後には「もう物資は要りません、電話もかけないでください」というお知らせを掲載する事態になりました。実は物資を受け入れますと言った途端、電話が殺到し市役所は大混乱になったのです。

しかし、物流はすぐには止まりません。翌日には配送拠点に100台ものトラックが押し寄せました。その中には個人から送られた支援物資200～300個を積んだトラックも数台あり、その一つ一つに受け取りのサインをするだけでかなりの時間を要しました。箱を開けて仕分けをするのにボランティア数名で丸1日かかる状態。荷さばきは自衛隊員やボランティアが18時まで、職員は24時間2交代で行いましたがとてもさばききれません。

時々刻々と変化する被災者ニーズに対し、送られてくる支援物資は古い情報を見て寄せられるものもあり、水道が復旧した後も需要のなくなったペットボトルの水やアルファ米、簡易トイレなどが届き続け、大量の余剰物資が発生し、保管場所にも困りました。

また、県の配送拠点となるはずのグランメッセ熊本が被災し、国からの支援物資は県外の大手物流倉庫から市へ届けられることになりました。そのため「何時、何が、どのくらい、どのように来るのか」という情報がなく、送られてくる物資には内訳の明示もないため、物資の区分け作業にも多くの時間がかかりました。これらは典型的なプッシュ型支援の弊害です。

3―「プッシュ型支援」とは国が被災府県からの具体的な要請を待たず、必要不可欠と見込まれる物資を緊急輸送すること。これとは逆に、被災地の要望を聞き、要請があった支援物資を送ることを「プル型支援」という。

一方、受け入れ側では送られてくる物量に対応する人員、物資を保管するスペースの確保などの受入れ体制ができていませんでした。加えて職員は物資の集配の扱いに不慣れで、夜通しの荷下ろし作業で疲弊しており、物資の受け入れ継続が困難となり、本震から5日後、支援物資の受け入れ中止を発表するに至りました。

この一連の対応に対し報道で避難所では物資がないと言っているのを見た人などから、何故止めるのかという批判が多数寄せられました。その中には担当者の名前や個人情報をネットに上げて批判する人もいたといいます。

外から被災地を見ていると思うように支援が届かず、もどかしく感じることがありますが、こうして現場が置かれた状況を知れば、コロナ禍の医療現場と同様、本当に必要なのは最前線で支援に当たる人たちへのサポートではないかと感じます。

避難所への物資の配送についても事前の計画はなく、発災後10日近くは避難所のニーズの把握もできておらず、どの避難所に何をどれだけ配給すべきか分かっていませんでした。配送方法も前震の時と同様、一度集積所から各区へ運ばれ、そこから避難所へ配送される二段階方式となっていたことで配送の大幅な遅れにつながりました。

このため集積所周辺では食料を求め車の大渋滞が起き、支援物資のトラックが動け

刻々と変化する被災地ニーズ、プッシュ型支援の弊害

〔発災当初の支援物資〕

ペットボトルの水、アルファ米、レトルト食品、カップ麺
炊き出し用食材、おにぎり、パンなど

〔被災地ニーズの変化〕

上下水道の復旧　⇒ペットボトルの水は需要が減少
炊き出しや弁当配布 ⇒非常食は大量に余る結果となった
仮設トイレの整備　⇒簡易トイレの余剰、保管場所に苦慮
気温の変化　⇒冬は毛布、夏タオルケット需要に変化

〔時系列での対応の流れ〕

4月14日　（前震）5つの区役所に　各1台トラック配送
4月16日　（本震）市HPに支援物資の要請情報を掲載
4月18日　電話が殺到し、物資不要のお知らせをする
4月19日　100台のトラックが押し寄せる
4月21日　支援物資の受入れ中止を発表
4月24日　ここまで避難所のニーズ把握できていなかった

4月25日　避難所からの物資配送依頼票に沿って
集積所から直接、避難所へ配給することに

なくなる事態も起きました。本震から9日後、ようやく避難所の物資配送依頼票により集積所から直接、避難所へ配給する体制へ変更したことで物資とニーズのミスマッチや配送の遅れの問題も解消されていきました。

想定外⑤　想定の2倍の避難者が殺到、避難所でトラブル続出

想定の2倍の避難者が殺到した避難所でも混乱が起きていました。

ここでの想定外は避難所の開設や運営を行うはずの職員が被災したことなどによる人員不足。避難所となるはずの市内148の小中学校のうち24の体育館が被災し使用禁止となったため車で避難する人も多く、その交通整理にも人手が取られたことです。津波注意報が発表された地区では道路の大渋滞も招きました。

「避難所開設マニュアル」はありましたが、マニュアルの内容に精通している職員はごく一部でした。マニュアルでは避難所開設に当たってまず避難所運営委員会を立ち上げ、組織的な運営を行うことになっていました。避難者受け入れに際しては受付窓口を設置し、避難者名簿記入用紙を配付。各世帯単位で記入してもらい、避難者名簿

を作成。被災者数を集計し、被災者ニーズを把握し、必要な水や食料等の手配をするとされていました。

実際は運営側の人員が不足する中、避難者が殺到。本震が深夜に発生したところに停電が重なり窓口に並ばせる余裕はありませんでした。結果として名簿が作成されたのは5月になってからでした。

では避難所運営の基礎となる避難者の把握はどのように行っていたのでしょうか。熊本地震では多くの人が避難所以外の場所でテントや車中泊避難を強いられましたが、結局正確な実数の把握は最後までできませんでした。在宅避難者に関しても市が把握できたのは「災害時要援護者名簿」等に記載のある人のみ、それ以外の一般の在宅避難者の把握に至りませんでした。

日頃から自治会・町内会や消防団などの地域活動が活発で、住民のつながりが強い地域では役割分担をして効率的な避難所運営を行い、在宅避難者への安否確認の声かけなどが行われた例もありました。その一方で避難者や住民などの協力が得られず、職員に頼り、学校の教職員などの施設管理者に負担を強いる運営となり、連携が上手くできず非効率な運営になったところも少なくありませんでした。

熊本地震前の避難所運営マニュアル（抜粋）

避難所マニュアル（発災から3日間）とBCP上のボトルネック

区分	業務内容、障害となる要素
発災時	1.職員の配置、避難所施設の安全確認・点検
	想定外の現実 職員の被災、交通機関や道路状況で職員が来られず、開設できない 避難所となる施設が被災し、使用禁止となった施設もあったなど
	2.避難者受入準備（避難者名簿等）、避難所設置、運営開始 3.被災者数集計、被災者の水・食料等の手配 4.被災者・ニーズの把握、報告、応援職員の受入 5.避難者、自治会、自主防災クラブ等から被害状況収集
	想定外の現実 想定を超えた災害の場合、職員中心の運営体制には限界があった 被災者名簿の作成は結局5月になって行われることになったなど
1～3日	1.物資の受入、配分等、管理体制の確保 2.スペースの区分（配慮が必要な人、授乳室、更衣室等） 3.生活環境（災害用トイレの設置要請等） 4.自宅避難者の状況確認（特に高齢者、妊産婦等） 5.救護班の派遣要請、ボランティア対応窓口の設置 6.避難所運営委員会の組織づくり、組織による運営開始
	想定外の現実 職員は日替り、避難者や施設管理者等と連携が取れない避難所も 避難所以外に避難している地域住民の情報把握にも課題が残った

出典：「平成28年熊本地震　熊本市震災記録誌」をもとに筆者が作成
※用語解説　ボトルネックは業務継続の障害となる要因のこと

本震の翌日、避難所には他の自治体から応援の職員が入りましたが、他の自治体の職員が避難所で数日間寝泊まりし常駐したのに対し、熊本市の職員は毎日違う職員が日中と夜間の1日2交代で配置され、そのスキルも対応もバラバラ。情報共有や連携もなく、熊本市より他の自治体の職員の方が地域や避難所の状況を詳しく把握しているという笑えない話もあり、一体誰が運営主体なのか不明確な避難所もありました。

避難者からは「市職員と信頼関係が構築できない」、「避難所の状況を把握していない」、「毎回変わるのでどの人に声をかけていいか分からない」などの指摘もありました。

想定外⑥　公平性の重視が生んだ、避難所運営のナンセンス

避難してくる人の中には避難所に行けば、常に水や食料、毛布など必要な物資が用意されていると思っている方がおられますが、全国的に見れば備蓄品を備えていない避難所も多々あり、全ての避難所に十分な備蓄があるわけではありません。

熊本地震が発生した4月は春とはいえ夜はまだ肌寒く、避難者から毛布の希望も多く寄せられましたが毛布の備蓄は20枚程度しかなく、避難者全員に行き渡る数はあり

ませんでした。食料は前震で消費された分の補充が済まないうちに本震が発生したため足りておらず、支援物資が届くまでは高齢者や子どもを優先、1人前分を2人で分けるなどして対応しました。

本震の1、2日後には少しずつ支援物資が届くようになりましたが、それでも避難者全員に行き渡る数はありません。支援物資の食料はおにぎりやパンなど、すぐに食べられるものもありましたが、断水の中ではカップ麺やアルファ米は使えませんでした。

3、4日後には物資そのものは届くようになりましたが、届く物資の多くがすでにニーズと合わなくなっていました。プッシュ型支援の場合、避難所では「何時、何がどのくらい届くのか」が把握できません。そのため食事の支給が終わった後におにぎりやパンが届き、せっかくの支援が無駄になることもありました。

発災から10日が過ぎ、ようやく物資配送依頼票により避難所が必要とする品目や数量等を要請する仕組みに変わりましたが、その後も各地から缶詰やお菓子、レトルト食品など、配りきれないほど大量の物資が送られてきました。

避難所の食事では炊き出しも行われますが、アレルギー対応や赤ちゃんのミルクなど配慮が必要なことも多々あります。炊き出しは限られた食材を使用するため献立を工夫しても栄養は偏り、野菜不足になりがちです。

また、よくテレビで見る自衛隊の炊き出しもお米などの材料の調達は被災地側で行う必要があることも分かっていませんでした。そのため自衛隊が現地まで来ても炊き出しが実施できずに帰ってしまうこともありました。後の検証で、震災における炊き出し支援は各地域における日頃からのつながりや避難所の運営に携わっていた方の人脈、避難所の立地等によって実施の有無や回数に差が生じていたことが分かりました。

一方、避難所では公務員ならではの「公平性」を重んじる性格が災害対応を阻害する場合もあります。熊本地震の検証資料の一つ、「熊本市女性職員50の証言」には公務員ならではのジレンマを抱え、現場で苦闘する職員の皆さんの試行錯誤が見えます。

物資配送拠点となったスポーツ施設では大量の毛布があるにもかかわらず、全員に行き渡らないのであれば公平性を欠き、混乱も想定されるとして配布されませんでした。水やオムツの配布も一人当たりの数を決め、公平に行き渡ることを重んじた結果、何度も長い列に人が並ぶことになりました。こうした列に妊婦さんや高齢者、体の不自由な方などが長時間並ぶのは大変なことです。

市の文化・スポーツ交流部長の田上聖子さんは施設に行く度、「公平である前に目の前で凍えている人を救いましょう」、「水やオムツは箱で配布し、市民の皆さんに分け合ってもらいましょう」と何度も言い続けました。災害対応を行う公務員は公平であることより「市民の皆さんを信じて臨機応変に太っ腹な対応することも大事」だと感じたと語られています。

井上さんもそうですがこうした証言集を見ていると、自らも被災しながら市民のために尽くす公務員の皆さんの使命感に胸を打たれます。

想定外⑦　避難所の環境　―プライバシー、性暴力、感染症―

避難所では食事以外にも配慮すべきことが多々あります。

避難所には高齢者や障害者、病気やケガをしている人、ペットと暮らす人や外国人、多様な人々が集まってきます。バリアフリーや多目的トイレ、福祉避難所の充実は全国的な課題です。熊本地震では福祉避難所に一般避難者が押し寄せたため、その役目が果たせなくなりました。

熊本市の啓発DV・性被害防止啓発活動チラシ

出典：熊本市男女共同参画センターはあもにい

避難生活では乳幼児や小さな子どもがいる人に時に心ない言葉をかける人もいます。災害弱者に対する配慮、ダイバーシティ（多様性の尊重）への理解も求められるところです。

避難所の環境面では、子どもや女性が安心して利用できる更衣室やトイレ、生理用品、下着の洗濯や物干しなどのスペース、乳幼児や妊産婦のいる家族には育児スペースも考慮すべき点です。

こうした対応も避難所によってマチマチで、教室を男女別に更衣室として開放するなど配慮が行き届いた避難所があった一方、更衣室自体用意されず、仮設トイレが男女別になっていない避難所もありました。地方に行くと市役所や駅などの公共施設で未だに男女の区分がされていないトイレが存在し、愕然とすることがありますが、避難所や避難先での子どもや女性を狙った性暴力やＤＶは大きな問題です。

避難所のセキュリティに関しては、警備会社が夜間警備に入ることでセキュリティが向上し、避難者の不安解消につながりましたが、避難所での卑劣な性犯罪や暴力を排除するためにも今一度、避難所運営マニュアルの見直しを行いたいところです。

衛生面では避難所を清潔に保つため施設の清掃はもちろんのこと、避難者のプライベートスペースの片づけや清掃も欠かせません。避難所の衛生管理はコロナ禍では必須となりますが、寝具の片づけを呼びかけても実施されないところも多く、寝具を敷きっぱなしにして生活している避難者も多く見られました。

熊本地震では10ヶ所の避難所でノロウイルス感染症やインフルエンザが発生しました。ダンボールやカーテンによる間仕切りは避難者のプライベート空間の確保には有効ですが、衛生管理が行き届かないと清潔が保てません。感染症の防止には消毒液やマスクの確保も欠かせませんが、今後はここに清掃のルールも加えるべきでしょう。

避難所となる施設には入浴施設がないことも多く、水がなくても手指洗浄できる消毒液やシャンプー、口腔ケア用のウェットティシュがあると便利です。今年の春はマスク不足が深刻でしたが被災地では細菌やウィスルから身を守るだけでなく、防塵のためにも必須アイテムとなります。特に建物の解体をする際に発生するアスベストは静かな時限爆弾と呼ばれ、深刻な健康被害をもたらします。健康面ではエコノミー症候群、夏には蚊の発生などにも対策が必要です。

想定外⑧　タダじゃない支援もある、悪質業者にも注意

支援物資に関しては被災して初めて気づくことが多々ありました。

売り込み業者もたくさん来たそうで混乱する現場ではゆっくり話を聞いている時間もないため、有償か無償かを確認して有償の場合は「本部に話を通してほしい」と断り、「無料なら置いていって」という方針で通したそうです。

県外ナンバーのトラックがボランティア団体と称してスタジアムにやって来た中には怪しいケースもあり、警察にナンバーを調べてもらうと有名な火事場泥棒団体の登

録車だったとか。すぐに指名手配されましたが実際には気がつかず物資を渡してしまい、メーカーから支援物資がネット上で売られていると連絡が入ったケースもあったとか。

物資の供給に関しては予め民間企業等と協定を結んでおくと、災害時に必要な物資を優先的に提供してもらうこともできます。提供される物資は無償のものもあれば、有償のものもあります。激甚災害に指定されれば、有償のものも最終的には国からの財政支援が受けられますが、いずれにせよ投入されるのは税金です。ムダにならないようきちんとマネジメントをしてほしいものです。

支援や協力をしてくれる国や県などの調査への対応では同じ省庁の異なる課・係から別々に依頼があり、1日に3回対応したこともありました。スタジアム内を案内するだけで30分かかり、被災地には負担です。昨年の台風15号などでも感じたことですが国や県はいい加減、大規模災害時の支援スキームを確立すべきではないでしょうか。

生活再建への道　住まい、暮らしをどう立て直す？

最後に被災後の生活再建に向けた道のりはどのようなものなのか。災害で家族や住む家を失った時、ケガをして障害を負ったり、事業が立ち行かなくなった時など、どういった支援があるか押さえておきましょう。

被災した場合の各種支援制度の情報はそれぞれ役所や避難所などで告知されるほか、自治会・町内会などを経由して住民に伝えられます。まずは情報を入手し、何時から申込や申請ができるるか、必要な書類は何かなどを確認します。

熊本地震では被災者支援制度をまとめた冊子を避難所や区役所等で配布しました。[4]これを見ると被災した場合にどんな支援制度があるかを知ることができます。

生活再建で最初に考えるのはやはり住宅の問題です。まずは住宅の安全性を確認する必要があります。その判定をしてくれるのが「被災建築物応急危険度判定（通称「応急危険度判定」）」です。被災住宅を調査して危険と判定されると赤、要注意は黄色、調査済みには緑の紙が貼られます。

但し、この判定は被災した住宅に住めるか、恒久的に利用できるかといったことを

4―「平成28年熊本地震被災者支援制度」の冊子は、熊本市のホームページの「災害支援」のページで公開されており、ＰＤＦ版がダウンロードできる。http://www.city.kumamoto.jp/

〔被災者への支援制度〕 熊本地震の一例

○被災者生活再建支援金　自然災害により住宅が全壊した場合など

○災害弔慰金　災害により死亡した場合、遺族に対し支給される

○災害障害見舞金　災害により障害を負った場合、遺族に支給される

○災害見舞金　火災や水害などで全焼や浸水等の被害を受けた場合

○災害援護資金の貸付　被災世帯に生活立直し資金を低利で融資

○雇用保険失業給付の特例　失業した場合

○各種減免・猶予等の措置　市民税等の税、介護保険利用サービス料等

○日本財団の弔慰金・住宅損壊見舞金

○社会福祉協議会の生活福祉資金貸付など

〔義援金〕（例）熊本地震における熊本市の支給額（4次まで）

死亡の場合　102万円

重傷者の場合　10万2千円

住家が全壊した場合　82万円

住家が半壊した場合　41万円

住家一部損壊、修理費用100万円以上支出の場合　10万円

住民税非課税世帯　3万円

児童扶養手当を受給中のひとり親世帯　3万円

※義援金の額は、災害により集まる額が異なります。

支給対象は受給条件を満たした場合のみ

熊本市避難者開設・
運営マニュアル

Ⅰ 事前準備編
Ⅱ 開設運営編
Ⅲ 様式編

平成28年熊本地震
熊本市女性職員
50の証言

平成28年熊本地震
熊本市震災記録誌

～復旧・復興に向けて～
発災から1年間の記録

出典：熊本市　https://www.city.kumamoto.jp/ でPDF版を提供しています

判定するものではなく、外観から倒壊の怖れがないか、瓦の落下の危険性がないかなど、二次災害を防止するためのあくまで応急的な確認です。住宅の安全性については住宅メーカーや建築士などに確認することになります。

熊本地震では被災住宅の補修について「補修専用・住まいるダイヤル」が設置されました。

被災者への各種支援制度を受ける際に必要となるのが「り災証明」です。住宅が全半壊した場合などに支給される「被災者生活再建支援金」のほか、「応急仮設住宅」や「みなし仮設住宅（民間賃貸住宅を借り上げて応急仮設住宅として提供するもの）」の入居、義援金の受給にも必要となります。

〔応急仮設住宅・みなし仮設の入居要件〕　熊本市の場合

○熊本地震発生時に熊本市に住所を有する者

○住居の全壊又は大規模半壊により居住する住居がない者

○自らの資力で住居を確保することができない者

○災害救助法の住宅応急修理制度を利用していない者

○民間賃貸住宅借上げ制度を利用していない者

○二次被害等により住宅が被害を受けるおそれがある場合

○地すべり等により避難指示を受けている者

〔民間賃貸住宅（みなし仮設）〕　熊本市の場合

民間賃貸住宅を市が借り上げ、2年間を期限として災害による住居の全壊（大規模半壊含）により居住する住居がないなどの要件に該当する者に提供。借り上げ住宅の要件は、貸主からの同意を得ているもの。管理会社等により賃貸可能と確認されたもので、家賃が1世帯当たり（世帯員4人まで）は1ヶ月6 万円以下、5 名以上（乳幼児除く）の場合は9 万円以下のもの。

〔災害公営住宅〕

災害により住宅を失い、自ら住宅を確保することが困難な人に対し、地方公共団体が国の助成を受け整備する低廉な家賃の公営住宅

※熊本地震では県内の益城町などで整備された

熊本地震では前震の翌日から罹災証明に関する問い合せが殺到。マンション等の共同住宅に関しては当初は専有部分のみの受付に限定され、マンション管理組合等からの共用部分の受付は5月19日からとされました。

いずれの場合も支援を受けるにはそれぞれに受給要件があり、必要書類を揃えて申請手続きをしなくてはなりません。建物の解体についても公費での解体となるものもあれば、自費で解体しなくてはならないものもあります。

制度をよく知らないと損をすることもあるでしょう。また、こうした支援もいつまでも続くわけではありません。仮設住宅には入居期限があり、災害公営住宅は一定の年数が経過すれば家賃が上がります。公助はあくまでも生活再建までの一時的な支援で未来永劫続くわけではないことも知っておく必要があります。

熊本地震を経て見直された現在の熊本市の取り組み、失敗から学んだ自治体の役割は、「第6章　共助コミュニティ活性化、自治体の役割と施策」で紹介します。

(3)もし今、あなたのまちが二度の震度7に襲われたら

さてもし仮に今、熊本で起きた二度の震度7の地震が自分の住むまちを襲ったら、どういう状況に置かれるか想定できるでしょうか。

たとえば首都直下地震が発生した場合、人口規模から考えて東京にあふれる被災者

の数は熊本の比でないことは容易に想像できます。ではその地震で電気やガス、水道、通信などのインフラが被災した場合、想定では復旧までどの程度の日数を要するかご存じでしょうか。

仮に自宅が被災した場合、どこへ避難し、そこでどんな避難生活が待っていて、それはどの程度の期間になるのか。車があれば車内泊はできるとして、〝テント泊〟って都心でテントが張れる場所がどれだけあるのか。避難所に入れない場合、きちんと支援物資は届くのか。

ここでは東京23区で、熊本地震と同じ規模の地震が発生したと想定して、シミュレーションしてみましょう。

熊本地震をベースに東京23区でシミュレーション

まず熊本市と23区を広さで比較すると、23区の面積は熊本市の約1・6倍。一方、人口で見ると23区は1千万人近く、74万人の熊本市の約13倍、世帯数では約17倍になります。

避難所の収容人数は都全体で見れば熊本市よりも高い比率で整備されていますが、約8割の都民は避難所には入れないほか、都内では500万人を超える帰宅困難者が発生すると想定されています。

市民一人当たりの公園面積は都全体で見ても熊本市の約6割にとどまります。23区ではどの程度の広さになるのか。熊本市では都市公園や大型駐車場を備えたショッピングセンター、コンビニの駐車場などで多数の人が車中泊避難をしました。市の検証報告でも市民一人あたりの都市公園面積が大都市に比べ比較的大きいことから、貴重なオープンスペースとして避難のために使用することができたとしています。23区ではテント泊はもちろん仮設住宅が建設できる場所も限られます。

23区には木造住宅密集地域も多く、建物倒壊や焼失などで大規模な被害が出ることも想定されています。都心南部では液状化による建物の全半壊も懸念されており、東日本大震災では東部5区で液状化が発生しました。

自宅への被害が少ない場合、自宅避難やそのまま住み続けることもできるかもしれませんが、その場合も安全性に問題がないか、まずは応急危険度判定が必要です。

熊本市では3万件の判定に約2ヶ月要しました。東京都で居住がある住宅戸数は約

熊本市と東京都の基礎データ比較

〔面積〕
熊本市　　　約390㎢
東京区部　　約620㎢　（熊本市の約1.6倍）

〔人口〕
熊本市　　　約74万人　（練馬区や大田区と同じくらい）
東京都全体　約1400万人
東京区部　　約957万人（熊本市の約13倍）

〔世帯数〕
熊本市　　　約31万世帯　（杉並区と同じくらい）
東京都全体　約720万世帯（住宅戸数　約680万戸）
東京区部　　約524万世帯（熊本市の約17倍）

〔指定避難所の数〕
熊本市（震災前）　171ヶ所　（想定避難者　58,000世帯）
東京都全体　避難所（協定施設等含む）　2,964ヶ所
　　　　　　福祉避難所　1,397ヶ所
　　　　　　避難者収容者数　約317万人（人口の約22%）

〔市民一人当たりの都市公園面積〕
熊本市　　　約9.5㎡／人
東京都全体　約5.7㎡／人（熊本市の約6割）

〔熊本市の医療機関〕
病院　　　　4　（市民約8千人につき1つ）
診療所　　　20
歯科診療所　95
計　　　　　1,109

〔東京都の医療機関〕
病院　　　　651　（都民約2万人につき1つ）
診療所　　　3,184
歯科診療所　10,658
計　　　　　24,493

〔参考データ〕　①医療機関の被災
熊本地震では、地域の中核的総合病院、熊本市民病院が被災。熊本県内では2,530施設のうち1,302施設で建物や医療機器等に被害が発生した

〔参考データ〕　②応急危険度判定
熊本地震では、4 月16日から住宅の応急危険度判定を開始し、約2ヶ月間かけ約3万件の判定が行われた

680万戸、都の首都直下地震の被害想定は約30万戸（うち揺れによるものは約11万戸）としていますが、全ての判定が終わるのに一体どのくらいの日数がかかるのでしょうか。

地震でケガをした場合の医療も心配です。熊本地震では中核的な医療機関も被災しました。県内では約2千5百ある医療施設の半数以上で建物や医療機器等に何らかの被害が出ました。病院の数で比較すると熊本市が市民8千人につき1つの医療機関となっているのに対し、都民は約2万人に1つです。都内約2万5千の医療機関のうち、1万件以上は歯科診療所です。

衛生面ではトイレやゴミ収集も大きな懸念材料です。一般ゴミはもちろん、トイレの処理、大量に発生する家具などの災害ゴミ。ゴミの収集が滞れば、ゴミと悪臭に囲まれて生活することになります。

全国から送られる支援物資も東京にあってはいつ自分のもとに届くのか不安を感じるところです。他の自治体からの応援職員やボランティアは大きな力ですが、受け入れに必要な宿泊場所は十分あるのでしょうか。都内にはホテルや旅館などの宿泊施設が約3千軒、客室数にして約15万室ありますが、その多くは23区にありますが、停電や断水が続けば、そこも使えるか分かりません。
知れば知るほど不安になりますが、だからこそ必要な備えや対策が必要です。

首都直下地震における東京都の被害想定

首都直下地震と一括りにしてきましたが、[5]東京都が想定する首都直下などの地震は4つあります。

首都直下地震には23区の被害が最も大きくなる「東京湾北部地震」と「多摩直下地震」の2つ（いずれもマグニチュード7・3）。その他に東日本大震災後に追加された津波被害も想定される海溝型地震の「元禄型関東地震」と活断層で発生する「立川断層帯地震」があります。

ここでは東京湾北部地震の被害想定を見てみましょう。都の想定では最大震度は震度7、マグニチュード7・3は熊本地震の本震と同じ規模です。

都ではこの地震で23区の約6割が震度6に見舞われる想定していますが、仮に熊本地震と同じ二度の震度7に襲われるとしたら、その破壊力とそこで発生する被害は熊

5 —首都直下地震等による東京の被害想定（平成24年4月18日公表）
https://www.bousai.metro.tokyo.lg.jp/taisaku/torikumi/1000902/1000401.html

東京都の新たな被害想定（東日本大震災を踏まえ見直したもの）

〔首都直下地震〕

東京湾北部地震（M7.3）

多摩直下地震（M7.3）

〔海溝型地震・活断層型〕

元禄型関東地震（M8.2）

立川断層帯地震（M7.4）

〔東京湾北部地震の想定〕

冬の夕方18時・風速8m/秒　　最大震度　7、区部の約7割が震度6

死者	約9,700人（揺れ5,600人、火災4,100人）
負傷者	約129,900人（うち重傷者約 21,900人）
建物被害	約304,300棟（揺れ12万棟、火災18棟）
避難者	約339万人（ピーク：1日後）
帰宅困難者	約517万人

※参考データ

○住宅の耐震化率　　81.2%（平成22年度）

○木蜜地域の不燃領域率　約56%（平成18年）

　山手線外周～環状7号線沿いに老朽化した木造住宅が密集

○被害を最低に抑える自助・共助

　防災市民組織・・・町会・自治会等を基礎に約6700

　但し構成員の平均年齢が60歳以上の組織が全体の約半数

出典：首都直下地震等による東京の被害想定（平成24年4月18日公表）

ライフラインの復旧にかかる日数（目標）

都の被害想定によるライフライン被害及び東京都地域防災計画（震災編）に掲げる復旧目標（各ライフラインの機能95％以上回復させるための目標日数）

〔ライフラインの被害想定〕　東京湾北部地震の場合

停電率	17.6%
ガス供給停止率	26.8〜74.2%
上水道断水率	34.5%
下水道被害率	23.0%
通信普通率	7.6%

〔ライフラインの復旧日数（目標）〕

電力	7日
ガス	60日
上下水道	30日
通信	14日

出典：東京都住宅政策本部「災害時における安全な居住の持続【資料集】」

本地震の最大の被災地、益城町と同様の被害を想定する必要があります。

都内の住宅の耐震化率は２０１０年時点で約81%。山手線外周部から環状7号線沿いにかけては老朽化した木造住宅が密集しており、その不燃領域率は２００６年時点で約56%。建物の被害の6割以上、約19万戸は火災によるものと想定されています。

都の想定は冬の夕方18時、風速8メートル。災害は発生時刻や天候にも大きく左右されますが、真冬雪が降るような季節に電気もガスも止まったら都民はどんな地獄を見ることになるのでしょうか。

都が掲げるライフラインの被害想定と復旧日数の目標も昨年の台風被害などを見るとこんな甘い想定で大丈夫なのかと感じますが、たとえ想定通りだとしても電気は1週間、通信は2週間、上下水道は1ヶ月、ガスは2ヶ月復旧までにかかることになります。

被災してもマンション住民は避難所に入れない?

東京で大規模災害が発生した場合、躯体がしっかりしたマンションなどの居住者の多くは原則、自宅で避難生活を送ることが想定されています。

2018年、東京都で居住世帯のある住宅は約680万戸。住宅を構造別にみると木造の割合は3分の1ほど、多くが鉄筋・鉄骨などしっかりとした構造の建物です。

〔都内の住宅 —構造別分布—〕
木造(防火木造を除く) 約43万戸(6・3%)

防火木造　約１９４万戸（28・５％）
鉄筋・鉄骨コンクリート造　約３６５万戸（53・６％）
鉄骨造　約77万戸（11・３％）

電気やガス、水道などのインフラが被害を受けるとマンションではエレベーターが止まったりトイレが使えなくなったりします。高層のマンションともなれば、何百段もの階段を上り下りしなくてはならなくなります。東京のような大都市で大規模災害が発生した時、支援物資はきちんと行き届くのか、自宅避難であればより不安になります。

そうした状況に置かれた時、電気や水道などのインフラが止まったマンションやアパートで数日間、あるいはそれ以上、孤立して生活することになったら……。地域に知り合いもいない、マンションの隣の住民の顔も知らない単身世帯などは特に心細い思いをするのではないでしょうか。

23区で被災、自宅避難者に支援物資は届くのか？

東京23区で首都圏直下地震が発生し、マンションで避難生活を送ることになった時どんな状況に置かれるのか。ここでは、東京都文京区の地区防災計画[6]を例に見ていきましょう。

まず、避難所以外の避難者の把握、支援の内容は次のように定められています。

被災者の把握（文京区の場合）

被災者が避難所以外の場所、自宅等で生活する場合、自治体は町会や民生委員、ボランティア等と協力して、被災者が生活している場所や状況及び要望等を把握する。

支援の内容（文京区の場合）

① 食糧や飲料水、生活必需品や生活再建情報の提供や被災者の要望の収集

② 収集した情報は関係各部に伝達、現地を確認

③ 各避難所で食糧・飲料水の提供や生活必需品の配給などの支援につなげる

6—文京区地域防災計画（平成30年度修正）

例）文京区において被災者が自宅等で生活する場合

被災者が避難所以外の場所（自宅等）で生活する場合、町会やボランティア等と協力し、生活している場所、その状況及び要望等を把握する。

〔情報収集の方法〕
町会・自治会、民生委員、ボランティア等を通じて、避難所運営部が収集し、災害対策本部に報告する

〔支援の内容〕
避難所では、避難所外避難者の支援として、避難行動要支援者の把握とニーズの収集、食糧・飲料水の提供、生活必需品の配給、被災者生活再建情報の提供、要望の収集等の業務を実施する

〔情報収集の内容〕
所在地、人数、性別、年齢構成、生活環境（ライフラインの損傷程度やトイレの衛生状況等）、食糧、飲料水、生活必需品等の有無、要望等を収集する

〔収集内容の伝達及び活動方法〕
避難所で収集した情報は、災害対策本部から災対区民部・医療救護部などの関係各部に伝達し、現地を確認の上、各避難所において、食糧・飲料水の提供や生活必需品の配給などの支援につなげていく

出典：文京区地域防災計画（平成30年度修正）、抜粋、簡略化したもの

　しかし、実際に首都直下のような大規模災害に見舞われた時、本当にこれが実行可能なのか。熊本市の検証を見ると机上の空論にも思えます。

　仮にこの計画通りの対応ができたとしても自宅避難者は自ら給水や支援物資の配給の情報を得て避難所などに行くことになります。また、正確な避難者数の把握ができなければ、必要な数の支援

物資がきちんと届き、全ての避難者に行き渡るのかも分かりません。

大規模災害において多くが自宅避難者となると想定される都市のマンション住民にとって、自宅避難の対策は必至であり、そこに自治会・町内会としてもアプローチの道筋があります。

コラム①

あなたのまちの「公助力」チェック

公助力はそれを担う自治体の意識や能力差に大きく左右されます。自分が住むまちの自治体がどういう意識を持ち、その施策に力を入れているかを知っておきたいところです。それを知るのに役立つのが自治体が発行している広報紙やホームページなどの広報です。

広報紙は自治体によって様式や内容、発行の頻度などが異なります。配布方法は市区町村の場合、一般的に自治会・町内会などを通じて各戸配布されます。一部の自治体では新聞に折り込みしているほか、役所や公共施設、主要駅、スーパーやコンビニなどで入手できます。自治体のホームページでは電子版が提供されており、ここではバックナンバーを見ることもできます。

新宿区の広報紙は毎月3回、5のつく日（1月以外、5日、15日、25日）にタブロイド判の「広報　新宿」の発行のほか、スマートフォン用のアプリ、点字版、声の広報も備えます。

新宿区では自治会・町内会など、地域コミュニティの活性化支援に力を入れており、一面で区内の地域活動を紹介する回も数多く見られます。こちらの号では本書第5章で先進事例としてご紹介した町会の活動が取り上げられました。こうして一面で伝えることでより多くの人に地域へ関心を持ってもらい、活動への参加者を増やしたいという自治体の思いが伝わる紙面となっています。

自治体の広報紙にはその自治体の意識や姿勢が反映されます。広報紙を見れば、その自治体がどういう意識を持ち、どの政策に力を入れているか、おおよその自治体の性格、地域の風土のようなものが分かります。

自治体広報（例）
「広報　新宿」2020年2月15日号
出典：新宿区　https://www.city.shinjuku.lg.jp/

今の時代、広報は自治体と市民をつなぐ重要なマーケティングツールであり、コミュニケーションツールです。しかし、未だ多くの自治体の広報紙はお上からのお達しの域を出ません。

公助力を最大限発揮するには地域や住民とのパートナーシップ、協働[7]が不可欠です。

　自分のまちだけ見ていると自分のまちがどのレベルにあるか分かりにくいと思いますので、隣のまちや憧れのまちなど、他の自治体の広報を比較するとその意識や姿勢の違いがよく分かります。

　コロナ禍で広報紙を比較してみると、新宿区では3月からの2ヶ月間、4つの号の一面でコロナ関連の特集記事を掲載。4月上旬には4面全てを使い、コロナ関連のお役立ち情報をまとめた臨時号も発行しました。一方、同じ23区でも4月下旬ようやく一面に関連情報が掲載されたものの内容は感染拡大への注意喚起のみという自治体もありました。

　とはいえ、紙媒体は紙面も限られるため掲載できる情報は限定されます。自治体には多数の部局があり施策も膨大でその全てを紙面で説明することもできません。自治体の中には一般市民の方にあまり馴染みのない部局もあり、お役立ちの情報や制度があっても市民にはなかなか周知されず、利用が進まないケースも少なくありません。

お役立ちの補助金などの制度も、知っている人は上手く活用して得をしていますが、そういう制度があることすら知らない人が実に多いのです。各部署では制度のチラシやパンフレットを作り周知を図っていますが、こうした情報は日頃から積極的に情報をチェックするか、自治会・町内会や業界団体などを通じて情報を得るか。あとは普段利用する図書館などの公共施設の情報コーナーをこまめにチェックすると良いでしょう。

また、最近はお役立ち情報のチラシや冊子のPDF版がホームページ上でダウンロードできるようになっています。

ハザードマップはもちろん、防災に役立つ情報を分かりやすくまとめた「防災ハンドブック」や「中高層マンションの防災対策マニュアル」など、お役立ちのガイドブックなども多数あります。

自治体の最新情報をリアルタイムでチェックしたい方は自治体のツイッターやフェイスブック、メールマガジンを活用すると良いでしょう。最近はユーチューブ動画を活用して、制度を分かりやすく伝えているものもあります。

7―「協働」は自治体と市民、町内会・自治会やNPO、企業団体等、地域を構成する様々な人たちが連携して地域の課題解決やありたい未来像を共に描き、その実現を目指すまちづくりのかたちです

ホームページからダウンロードできる自治体のお役立ちパンフレット（例）

（左）新宿区防災ハンドブック

出典：新宿区　https://www.city.shinjuku.lg.jp/

（右）新宿区中高層マンション防災対策マニュアル

積極的に情報にアクセスすることで待っているだけでは得られない有益な情報を見つけることも珍しくありません。時間のある時に自分のまちのホームページのネットサーフィンをしてみましょう。

第3章

マンションと自治会・町内会

―マンションの「共助コミュニティ」―

近年は多くの人がマンションやアパートなどの「共同住宅」に暮らしています。
[1]国交省によると、平成元（１９８９）年には約２００万戸だった分譲マンションのストック数は、平成30（２０１８）年末には3倍を超える約６５５万戸へ、平成の30年間で約４５５万戸増加しました。
分譲マンションに居住する人は[2]推計で約1千5百万人、国民の約1割に当たるとされています。中でも東京都では分譲マンションが全住宅の約4分の1弱を占めており、その約9割が東京23区に集中しています。

23区で「共同住宅」に暮らす人の比率は7割を超え、中央区、港区、千代田区の都心3区では9割に及びます。東京などの大都市圏では地上20階60メートルを超えるタワーマンションと呼ばれる超高層マンションの建設も相次いでいます。

その中で「共同住宅」の自治会・町内会の加入率の低さは頭の痛い問題です。

２０１３年に総務省が都内5地区で行った調査で、戸建て（持ち家）の自治会・町内会の未加入率が10％台だったのに対し、共同住宅は総じて未加入率が高く、中には7割から9割台となった地区もありました。

何故こうも共同住宅の加入率は低いのでしょうか。

(1)自治会・町内会とマンションの悩ましい関係

自治会・町内会の加入率は地域や団体によってバラッキはありますが、戸建て住宅に比べ共同住宅の加入率は総じて低い傾向にあります。

○住宅の区分別の棟数

戸建て	28,947,403(55.2%)
共同住宅	22,410,483(42.7%)
長屋建て	1,018,638(1.9%)
その他	84,094(0.1%)
総数	52,460,618棟

○東京23区で共同住宅に住む世帯の割合

1位	中央区	90.0%
2位	港区	89.9%
3位	千代田区	89.2%
4位	江東区	86.2%
5位	新宿区	85.3%
特別区部(23区)		73.4%
全国		42.7%

出典:平成27年度国勢調査

自治会・町内会に「入会していない」割合

	港区C地区	葛飾区A地区
戸建住宅	13.0%	10.5%
共同住宅	94.1%	75.7%

出典:都市部のコミュニティに関するアンケート調査

1 国交省「分譲マンションストック戸数」(推計)、東京都「マンションストックの状況」
2 平成27年の国勢調査による一世帯当たり平均人員2・33を掛け、約1525万人居住と推計全国的な調査はありませんが、2018年に京都市が行った調査では[3]、「マンション住人全世帯が原則として自治会・町内会に加入している」は約15％に過ぎず、「マンション住人の一部が任意で自治会・町内会に加入している」約20％、「準会員として会費を納めているがそれ以外は関わりがない」約11％で、最多は「全く関わりがない」の約22％でした。

何故、マンションは自治会・町内会に加入しないのか

一般的に自治会・町内会に加入しない理由は、「自分のまちに自治会・町内会があることを知らない」や「何をしているのか分からない」などのそもそも論。「役を押し付けられるのが嫌」や「メリットが不明」、「一部の人でやっているイメージがある」や「お金の流れが不透明」といった運営方法への疑問や不信などにあります。

共同住宅やその居住者についても概ねこうした認識を持っていると思われますが、共同住宅特有の要因もあります。

たとえば、近年増加しているオートロックのマンションでは勧誘活動そのものが難

しく、管理組合や居住者とのタッチポイントが作れずに手をこまねいている自治会・町内会も少なくありません。

そもそも共同住宅はその規模や築年数、分譲・賃貸の別、管理組合や管理会社、不動産屋や大家など、誰が窓口かによってもアプローチは異なります。

分譲マンションではしばしば所有者と居住者が異なり、中には海外など遠くに住んでいる所有者もいて、マンション内のコミュニケーションや合意形成が難しいケースも珍しくありません。

賃貸マンションの場合、管理組合も存在しないことから居住者間のつながりはより希薄で、自治会・町内会の加入率や活動への参加率も分譲より一層低い傾向にあります。

中でも最大の要因は、共同住宅において共助コミュニティの必要性や有用性が理解されていないことです。

自治会・町内会は単に加入してくれとお願いするだけでなく、加入すると相手にどんなメリットがあるのか、どういう参加の仕方や関り方があるのかなど、効果的な情報提供やより具体的な提案、加入ありきではない、相手の事情やニーズに合わせて参

3 京都市「自治会・町内会アンケート報告書（平成30年度）」

加方法など、多様な選択肢を示していくことが必要です。

自治会・町内会では日頃、マンションに対しどのような働きかけや関わり方をしているのでしょうか。

国土交通政策研究所の調査で[4]、マンションに対し約6割が管理組合に、3割近くが個別住戸に何らかのアプローチしており、何も働きかけをしていないのは1割程度でした。自治会・町内会からマンションへの情報提供については行事やイベント等の情報は約7割、行政からの情報については6割近くありましたが、役員会等の案内は3割ほど、管理組合の理事との顔の見える関係も一部に限られます。

ただこうした情報提供は、「自治会・町内会に加入している住民のいるマンション」では約8割だったのに対し、「加入の有無に関らず地域内にある全てのマンション」では2割を下回っており、日常的にコミュニケーションの機会のないマンションについては情報提供がされてないことがうかがえる結果となりました。

でも仲良くなりたいならドアを閉ざすのではなく、参加するきっかけが必要です。

4―国土交通省 国土交通政策研究所「マンションと地域の連携・共助による地域防災力の強化に関する調査研究（2015年）

マンションと自治会・町内会の関係

〔マンションへ参加の働きかけ〕

マンション管理組合に対し働きかけ	59.6%
マンション住戸に対し個別に働きかけ	26.0%
働きかけをしていない	13.2%

〔マンション住民の活動への参加〕

お祭りへの参加	46.1%
清掃等、地域貢献活動へ参加	23.1%
廃品回収等の活動へ参加	21.3%
地域活動には参加していない	29.9%

〔管理組合の理事との関係〕

一部のマンションで顔の見える関係あり	47.3%
多くのマンションで顔の見える関係あり	11.5%
顔の見える関係のマンションはない	26.8%

〔マンションへの情報提供〕

行事やイベント等全般の情報提供	69.6%
行政からの情報提供	57.5%
役員会等の開催案内を情報提供	35.4%

〔役員会へのマンションの参加〕

管理組合の理事長・理事が参加	30.8%
誰も参加していない	32.3%

出典：国土交通政策研究所
「マンションと地域の連携・共助による地域防災力の強化に関する調査研究（2015）

マンションこそ、共助が必要なワケ

戸建て住宅に住む人に比べ、共同住宅の居住者は地域コミュニティとのつながりが希薄です。特に単独世帯は、子育て世代が子どもを通じて学校や地域とつながる機会を得られるのに対し、自ら積極的に関わっていかなくては地域とのつながりを得にくい環境にあります。

分譲マンションの場合、区分所有者であれば管理組合に属し、一定のコミュニティを有していると考えられますが、賃貸の場合は同じフロアの住民の名前や顔もよく知らないということも珍しくなく、防災訓練などもほとんど行われません。

国土交通政策研究所の調査によると、マンションで災害基本法に基づく自主防災組織や独自の防災組織があるとした管理組合は2割に過ぎず、7割以上が自主防災組織を備える自治会・町内会と大きな開きがありました。[5][6]

管理組合における「マンション独自の防災訓練の実施」は4割、「消防計画の作成」と「自治会・町内会の防災訓練への参加」はそれぞれ約3割。安否確認を行う際に必要となる名簿は9割で整備されているものの、「同居家族まで含む居住者の名簿

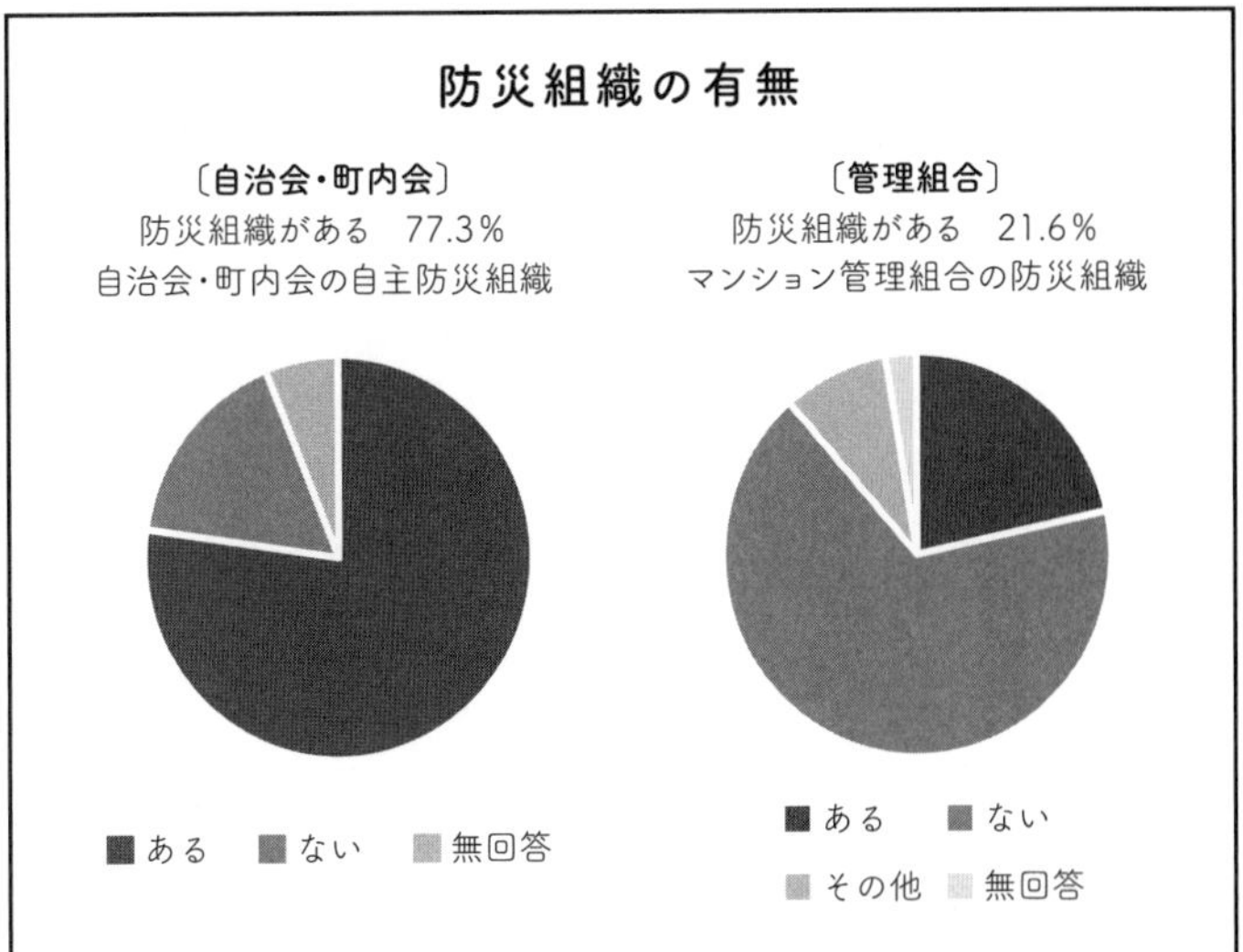

出典：国土交通政策研究所「マンションと地域の連携・共助による地域防災力の強化に関する調査研究」

がある」は約6割。「災害時に援護の必要性の有無」を記載しているところは約1割。

「防災マニュアル等で発災時の意思決定のルールを定めている」は約2割で、「今後、ルールが必要か」というと問いには7割以上が必要としたものの、ない理由を聞くと3割以上が「そもそもルールが必要であるという考えに至っていないため」と回答。「経緯はよく分からない」や「議論止まり」という回答も2割前後ありました。

また、組合員（区分所有者）名簿はあっても情報が更新されず、所在

5―国土交通政策研究所「マンションと地域の連携・共助による地域防災力の強化に関する調査研究」
6―「自主防災組織の手引き―コミュニティと安心・安全なまちづくり―」（総務省消防庁）を参照ください

不明や連絡先不通となっているものもあります。

マンションの管理組合の役割はあくまで建物や土地、共用部分の管理を行うもので、居住者を把握する名簿がない、把握しても世帯主のみで、居住者の実態を確認していないマンションは少なくありません。

マンション独自で充実した防災対策など、共助コミュニティの形成ができない場合、地域の自治会・町内会に加入したり、地域との連携によってこうした機能を補完することも一つの選択肢です。

マンションと地域の関係強化で共助力アップ

同調査で「マンションと地域が連携した地域防災の必要性」については9割近い管理組合が必要と考える一方、東日本大震災時に管理組合と自治会・町内会との間で協力や連携を行ったマンションは2割未満。この理想と現実のギャップはどこからくるのでしょうか。

マンション管理会社に対する調査で「地域防災が必要」との回答は9割を超え、

マンション管理組合における防災の取り組み

マンション独自の防災訓練の実施	40.0%
消防計画の作成	35.8%
町内会の防災訓練への参加	33.2%
居住者に対する防災関連情報の周知	20.8%
高齢者など避難に手助けの必要な方の把握	19.8%
備蓄品(担架、救出工具等)の備蓄	19.6%
防災マニュアルの作成	16.9%
管理組合での水・食料の備蓄	13.9%
緊急時の安否確認方法の検討	13.2%
特にない	20.4%

出典:「マンションと地域の連携・共助による地域防災力の強化に関する調査研究」(国土交通政策研究所)

「実際に地域との連携強化の提案をしている」との回答も3割ありましたが、連携は進んでいません。その理由として8割以上が「マンションと地域のコミュニケーション不足」を、4割以上が「管理組合の機能不全」や「防災に関する財源不足」を挙げました。

背景にあるのは管理組合の会員の減少や高齢化、理事会の形骸化です。こうした現状に対し管理会社からは「行政の支援の必要性」も4割近く寄せられました。

一方、自治会・町内会は加入だけが唯一の選択肢でなく、マンションと連携することによって地域の防災力・減災力を強化する可能性も探ってほしいところです。

コロナ禍においては災害時の「分散避難」も推奨されていますが、堅牢な躯体を有すマンションの共用施設などを地域住民の受け入れ施設に開放してもらうなど、新たな共助関係は東日本大震災でも見られた事例です。

総務省の「マンション総合調査」によると、マンション管理組合の約5割が「区分所有者の高齢化」と「居住者の高齢化」に陥っており、約3割が「理事の選任が困難」となっています。役員を引き受けたくない理由の1位は「高齢のため」が4割近く、「管理組合活動に無関心な区分所有者の増加」との回答も3割に上りました。

マンションが取り組むべき課題として、「マンション内の交流」は2割超、「マンション周辺地域との関係づくり」は1割超の区分所有者が望んでおり、その割合はマンションの取得年数が古いほど高い数値を示しています。

自治会・町内会はこうしたマンションごとの事情や課題、可能性に目を向けて、マンションとの関係づくりを考え、アプローチしていくことが求められます。

(2)マンションクライシス　―マンションが直面する課題とは―

ここでは国交省が分譲マンションの管理組合と区分所有者を対象として行った「平成30年度マンション総合調査」をもとにマンションが抱える課題を見ていきましょう。

マンション居住者の半数近くが60歳以上

マンション居住者を世帯主の年齢別に見ると、最多は60歳代の27％、次いで50歳代の24％、70歳代以上は19％で、60歳以上が半数近くを占めます。

これを前回の２０１５年度の調査と比較すると、30歳代以下が０・７％減なのに対し、70歳代以上は３・３％増と居住者の高齢化が進んでいるのが分かります。

１９９９年度には最多は30代の27％で、50代以下が７割以上を占め、60代は約18％、70歳以上は約７％に過ぎませんでした。20年という歳月がマンションの姿を大きく変えることが分かるデータです。

また、完成年次が古いマンションほど70歳代以上の割合が高く、賃貸住戸や空室の割合も高い傾向も見られました。70歳以上の比率は、完成年が2010年以降のマンションでは5%に過ぎませんが、1990年代になると20%を超え、1980年代では4割近く、1979年以前になると半数近くになります。

賃貸戸数が2割を超えるマンションは、完成年が1990年以降では10%前後ですが、完成から30年を超えると30%を超え、空き家率も高くなります。

耐震に不安を感じても耐震化しない理由

すでに第1章で、東京のマンションストックの約2割が旧耐震基準で建てられており、その多くに耐震性不足の懸念があることは紹介したところですが、旧耐震基準により建設されたマンションの中で、「耐震診断を行った」と回答したマンションは約3割。うち「耐震性がある」は4割ほど、2割は「更に詳細な調査を要する」で、4割が「耐震性なし」とされました。

耐震性がないとされたマンションの約4割は「耐震改修を実施する予定はない」と

国交省「平成30年度マンション総合調査」

〔区分所有者の世帯主の年齢〕

30代	6.6%
40代	18.9%
50代	24.3%
60代	27.0%
70代以上	22.2%

〔完成年別の70代以上の比率〕

1979年以前	47.2%
1980～1989年	37.6%
1990～1999年	21.9%
2000～2009年	12.4%
2010年以降	5.1%

〔調査地域〕　全国
〔調査形式〕　アンケート

〔対象〕
管理組合　4,200団体
区分所有者　8,400人

〔回収率〕　約4割

〔有効回答〕
管理組合　1,688
区分所有者　3,211

〔賃貸戸数・空き家戸数　2割超の割合〕

完成年	賃貸戸数	空き家戸数
1979年以前	31.6%	4.4%
1980～1989年	30.3%	2.1%
1990～1999年	16.4%	0.2%
2000～2009年	8.3%	0.2%
2010年以降	10.4%	1.5%

しており、区分所有者の半数以上が「耐震性に不安がある」としながらも約４人に１人が「地震の不安はあるが今のままで仕方ない」と回答しました。

　そもそも耐震診断自体を行っていないマンションは６割を超えます。その理由は何でしょう。
　[7]世田谷区の調査で、耐震調査をしない理由で最多は約40％が上げた「資金不足」で、

〔マンション耐震性への区分所有者の不安〕	
不安がある	51％
地震の不安はあるが今のままで仕方ない	23％
〔マンションの耐震診断・耐震改修の実施状況〕	
耐震診断を行った	34％
耐震性あり	40％
耐震性なしのうち、耐震改修の予定なし	38％
〔マンションの老朽化に関する管理組合の対策〕	
議論して建替や修繕・改修の方向性が出た	22％
議論したが方向性は出ていない	17％
議論を行っていない	56％
〔管理費・修繕積立金の滞納状況〕	
3ヶ月以上滞納している住戸がある	25％
〔過去1年間のトラブル発生状況〕	
居住者間の行為、マナーをめぐるもの	56％
〔管理組合運営における将来への不安〕	
区分所有者の高齢化	53％
居住者の高齢化	44％
修繕積立金の不足	31％
大規模修繕工事の実施	28％
〔管理に関し取り組むべき課題〕	
防災対策	34％
長期修繕計画の作成又は見直し	32％
修繕積立金の積立金額の見直し	29％

※取得期間が古いほど要望が多くなるもの
「規約の作成や見直し」、「マンション内の交流」、「マンション周辺地域との関係づくり」

次いで「合意がとれない」16%、「高齢化が進んでいる」13%でした。耐震化・建て替えの工事資金に関しては、「全く足りない」と「不足している」を合わせて約半数を占めました。

耐震診断の実施率は都心3区でも大きな違いはなく、千代田区[8]でも耐震診断の実施率は4割に届かず、実施しない理由も最多は「費用が高額」30%、「結果が悪くても工事費用を捻出できない」24%と続きます。

長期修繕計画を作成している管理組合は9割を超えていますが、「計画上必要な積立額の不足が生じている」との回答は3割超に上り、マンションの老朽化問題について「対策を議論し修繕や建替え等の方向性が出た」とする管理組合は2割ほど。「議論は行ったが方向性が出ていない」は2割弱で、「議論すら行われていない」が5割を超えています。

1/4のマンションに、修繕積立金や管理費の滞納問題

マンション管理に関しても様々な問題が発生しています。

7―世田谷区マンション実態調査報告書（平成29年3月　世田谷区）
8―千代田区分譲マンション実態調査報告書（令和元年5月　公益財団法人まちみらい千代田）

今回の調査でマンション管理に関して区分所有者の認識を問う設問では、「非常に満足している」2割強、「やや満足している」約4割で満足している人が多く、「不満」と「やや不満」は合わせて5％ほどでした。

満足している理由の1位は、「マンション管理業者が良い」が約7割、「管理員が良い」約5割、「管理組合の役員が熱心」約3割でした。一方、不満とした理由で最多は「一部の居住者の協力が得られにくい」が約半数、「マンション管理業者が良くない」約3割、「管理組合の役員が不慣れ」2割強、「管理組合が機能していない」、「賃貸されていた住戸が多い」がそれぞれ1割超となりました。

マンション居住者間のトラブルでは、「居住者間の行為、マナーをめぐるもの」が56％で最多で、個別の項目では「生活音」38％で、「違法駐車」19％、「ペットの飼育」18％となりました。

トラブルの解決方法としては「管理組合で話し合った」が6割近く、「マンション管理会社に相談」約5割、「当事者間で話し合った」約2割、「弁護士に相談した」約1割、「訴訟」という回答も5％ありました。

マンション管理に関して取り組むべき課題では、「長期修繕計画の作成又は見直し」や「修繕積立金の積立額の見直し」、「防災対策」が3割を超え、「大規模修繕工事の実施」や「管理費等の滞納対策」が2割前後となりました。

一方、修繕積立金や管理費を3ヶ月以上滞納している住戸があるとした管理組合は実に25％に及び、完成年が古いものほどその割合が高くなっています。

（3）マンション・コミュニティの3つのメリット

マンション内でスムーズな問題解決や合意形成を行うためには、日頃から所有者や居住者間でコミュニケーションが取れるコミュニティの形成が欠かせません。

スムーズな合意形成に不可欠なマンション・コミュニティ

サ[9]ステナブル・コミュニティ研究会が関東エリアのマンションの管理組合を対象に行ったマンション・コミュニティに関する調査で、管理組合として「マンション内のコミュニティ形成」についての対応を聞いたところ、「特に活動していない」との回

9―三井不動産グループ　プレスリリース　第1回「マンション・コミュニティに関するアンケート調査」2014年

答が6割を超えました。

管理組合以外に「居住者を対象とした自治会・町内会が別にある」という回答は26%。マンション・コミュニティ内での行事の実施率は約4割で、行事の回数は「年1回程度」が15%、「年2~5回」が14%で、「年6~9回」と「年10回以上」はそれぞれ1%でした。

マンション・コミュニティ内で行われているサークル活動が「ある」としたのは9%。マンション外との連携・交流については、マンション周辺地域で行われている行事へ「管理組合や居住者単位で参加している」は約4割ありましたが、マンション・コミュニティで行われているイベントへ「外部参加者を受け入れたことがある」は5%にとどまりました。

コミュニティ形成にまつわる課題認識についての自由記載欄には、「3年間理事長をして大規模修繕などを経験したが、コミュニティがないためにうまく合意形成ができず暗澹とした気持ちになった」や「昔はお互いに挨拶し合っていたが、最近は新しい人が引越し先に挨拶しないこともあり、顔見知りの人でない人同士挨拶しなくなってきているのが心配」、「仲良くしたいという機運はあるが、具体的な方法が分からないという段階」などの声が寄せられました。
この調査は東日本大震災後に実施されましたが、マンション・コミュニティの形成はまだ一般的なものとしては根付いていないという結果でした。

マンション・コミュニティの現状

〔コミュニティ形成への取り組み方〕

特に活動していない	63%
総会・理事会等で審議・協議している	29%
部会等を設置している	4%
その他	13%

〔マンション内の自治組織〕

管理組合しかない	70%
居住者対象の自治会・町会がある	26%
その他	3%

〔マンション内で開催されている行事〕

行事を実施したことがある	39%
年1回程度＋2～5回程度	29%
年6～9回程度＋10回以上	2%

〔マンション内のサークル活動〕

ある	9%
ない	77%
わからない	12%

〔マンション外との連携・交流〕

周辺地域の行事に参加している	40%
マンション内のイベントへ外部受入あり	5%

出典：サステナブル・コミュニティ研究会
第1回「マンション・コミュニティに関するアンケート調査」

良質なコミュニティがマンションの価値を高める

一方、日本マンション学会[10]は国土交通省の「マンションの新たな管理ルールに関する検討会」に対する意見書の中で、コミュニティの形成がマンション管理に有益であるとする意見とともにその根拠となる論文等を紹介しています。

●居住者間のトラブルの解決に有益である点

「居住者どうしに挨拶関係、顔がみえる関係があることが、マンション内の騒音トラブルが深刻な問題に発展することを防ぐ」（お互い様の意識）

「生活トラブルの解決には話し合いを通じた当事者の納得が重要であり、それを補完するためにコミュニティの醸成が課題になる」

「コミュニティへの愛着や顔が分かる関係の醸成は、生活上のトラブルの発生割合と大きな紛争の発生を減少させる」

「理事選任が困難等の管理組合運営上の問題は、顔が分かる、挨拶する、会話するという付き合いが多いマンションほど少ない」

●防犯・防災などの「生活の安全・安心」の点
「居住者どうしが顔見知りであることが、隣人と不審者を区別し防犯性を高める」

「阪神淡路大震災では住民たちの交流・相互理解の密度、つまりコミュニティが育っているところでは、震災直後の助け合いがみられ、復旧に向けた情報交換も進んだ」

「東日本大震災では、災害直後の安否確認等の円滑な対応が進むためには平時のコミュニティや近隣情報が欠かせない。逆に、防災がコミュニティを育てる」

「コミュニティ活動が活発なマンションでは、防犯パトロールをはじめとし、防災訓練、非常食糧保管、備品の備蓄、安否確認体制、緊急時の救助必要者名簿、高齢者見回りなどを行っている」


最近、マンションの中には個人情報保護の観点や子どもが危険にさらされる事件を避けるなどの理由から、郵便受けや玄関に名前を表示しないお宅も増えています。極端な例では廊下やエレベーターなどで会っても挨拶しないルールを設けるマンションもあります。

しかし、こうした生活環境は本当に住民の皆さんが望んでいる姿なのでしょうか。

10 出典：一般社団法人日本マンション学会「コミュニティの意義に関するマンション学会の多数意見」 https://www.jicl.or.jp/

疑心暗鬼やストレスを感じることなく、良好なコミュニティのメリットを享受する方法はないのでしょうか。

コミュニティがマンションの生活の質を向上させる

マンション内のコミュニティがマンションでの生活の質を向上させるという研究もあります。国土交通研究所の「マンションの維持管理及びコミュニティに関する調査」で、マンションにおけるコミュニケーションとコミュニティに次のような相関があることが分かりました。

〈コミュニケーションとコミュニティの相関関係〉
「広報の実施状況」と「相互認知型コミュニケーション」の相関
「住民主体のサークル活動」と「親密型コミュニケーション」の相関
「住民主体のサークル活動」と「コミュニティ活動（イベントや行事）」の相関

調査ではコミュニティ活動が活発なマンションほど、防犯・防災、環境美化など、地域行事への参加も高い傾向にあることが分かりました。

日頃から多くの人がコミュニティ活動に参加し、住民同士の顔の見える関係ができ、コミュニケーションが取れていれば、意思疎通や相互理解も進みます。同じマンション住民としての連帯感も醸成され、コミュニティ活動への参加も増えるという好循環も生まれます。良好なコミュニティが形成されれば、マンションの将来ビジョンや課題の共有、合意形成も円滑に行うことができます。

ただ住民同士のコミュニケーションや良好なコミュニティは自然発生的に生まれるわけではありません。

コミュニティの形成は住民有志が声を上げ、管理組合の承認を得てサークルなどを作って行うケース、管理組合の中に委員会などを置いて住民同士の出会いや交流を促すイベントなどを企画運営するケースがあります。ただ、年月を経て立ちあげるのは結構大変です。可能であればマンション建設当初に管理会社やデベロッパーが立ち上げを支援し、管理組合や住民グループに引き継いでいくのが理想です。

住民が出会い、交流することで住民同士の心の壁を取り払い、そこから自発的な交

マンション・共助コミュニティの好循環

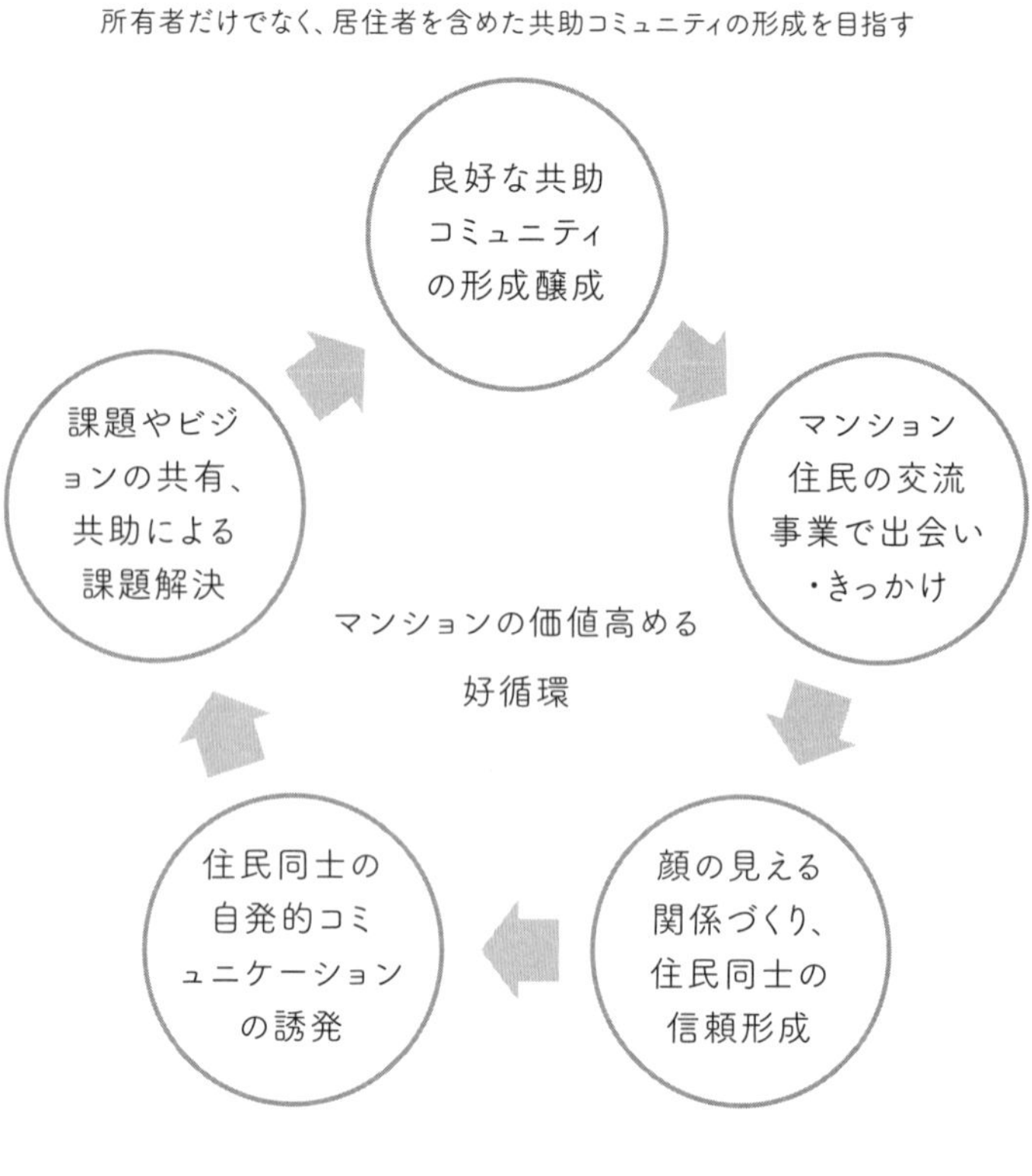

所有者だけでなく、居住者を含めた共助コミュニティの形成を目指す

好循環のカギを握る「広報」
マンション住民同士の交流を促し、マンションのビジョンや課題を共有する時に不可欠になるのが、効果的な情報発信や情報共有ツール。住民の参加意欲を喚起し、コミュニティ活動への共感を得るポスターやチラシ、会報などの広報で住民にアピールしよう。

流や活動につなげられれば、住民主体の活動に発展していきます。子育てや高齢者サロン、趣味や娯楽、スポーツなどのサークルやサロンで住民同士が顔見知りになれば、コミュニケーションも活発になります。

この調査では「一緒に遊ぶことがある」、「重要な相談やお願いができる」などの親密型コミュニケーションに関しては団地型のマンションで高い数値を示しました。団地型は高経年マンションが多く、深いつきあいを形成、コミュニティ活動も活発という結果が出ています。

一方、挨拶などでは高い数値を示した小規模型のマンションではみんなで集まれる共有スペースがないことから、イベントや行事などの活動・サークルが少ないとされました。独自にコミュニティを形成することが難しい小規模なマンションや賃貸などの場合、地域の自治会・町内会に加入することで地域の人と出会い、つながることができれば、共助コミュニティのメリットを得ることができるかもしれません。

もちろん、そのためにはその自治会・町内会が共助コミュニティとして機能している必要があります。

（4）マンションの「共助コミュニティ」3つの選択肢

マンションと自治会・町内会の関係を自治会・町内会から見るとマンションを棟まとめて加入してもらうのが理想かと思いますが、マンションにとっては次の3つの選択肢から自分たちのニーズ合ったベストな選択ができるのが理想です。

1つ目の選択肢は、マンションとしての理想、マンション内で独自の共助コミュニティを形成することです。この場合、大きく分けてマンション自治会を設立する方法と、それによらず管理組合などを基盤としたコミュニティ活動で代替する方法があります。

2つ目の選択肢は、マンション独自にコミュニティは形成せず、地域の自治会・町内会に加入するというものです。この場合、マンションとして加入するか、居住者個人として加入するか、マンションにより判断が分かれるでしょう。

3つ目の選択肢は、防災やイベントなどで地域と連携するというスタイルです。この場合、主体は管理組合やマンション自治会、それ以外のマンション内コミュニティのほか、管理会社や不動産屋、大家などになることもあるでしょう。

選択肢①マンション内で独自の共助コミュニティを形成する

マンション内で独自の共助コミュニティを形成する方法として、マンション自治会を設立する場合、加入はあくまで任意であり強制はできません。マンション内で合意形成をして自治会を設立した場合も加入するかどうかは居住者の判断となります。最近は会費を取られることや役を押し付けられることへ抵抗を持つ人も多いため、マンション自治会を設立する際、会費をなくしボランティアによる運営とするところもあります。

千葉市[11]では2011年の東日本大震災の教訓から、2013年に地域活動を行うなど、一定の要件を備えたマンション管理組合を自治会・町内会と同様の組織として位置づけることができるようにしました。

なお、自治会を設立すると行政から様々な補助も受けられますが、行政からの依頼事項や連合会などの負担が増える部分もありますので、各自治体の担当部署で確認し、

11―千葉市「地域活動を行うマンション管理組合を町内自治会と同様の組織として位置づけることができます」
詳細はこちら https://www.city.chiba.jp/shimin/shimin/jichi/kanrikumiai.html

メリットとデメリットを比較検討することが必要です。

自治会設立のメリットが少ない場合、マンション内のコミュニティ活動を推進する委員会を管理組合の中に設置したり、住民が企画して運営するサークルなどの活動を促進する制度を検討すると良いでしょう。

そういう観点からいえば、独自の共助コミュニティを持つのではなく、地域の自治会・町内会に加入して、管理組合にはないコミュニティ機能を補うのも一つの方法です。

選択肢②地域の自治会・町内会に加入する

この選択肢ではマンションが立地する自治会・町内会が望む運営や活動を行っているかどうかが問題となります。

マンションの加入要件は自治会・町内会によって異なります。会費についてはマンション一棟でいくらと決めているところもあれば、100世帯のマンションであれば、100世帯分くださいというところもあります。議決権についてもマンション一棟で一口としているところもあれば、規模に応じた口数や世帯数分とするなど様々です。

いずれの場合も相手の言いなりではなく、交渉で納得できる合理的な一致点を見つけることです。他にもマンションから理事を出すかどうかなど、どういった参加や活動への関わり方をするか内部で検討し、総会の承認を得る必要があります。

また、マンションとして加入することが難しい場合、マンションに対して自治会・町内会から加入のお願いやイベントなどの案内などが来た際は、居住者自身が加入するかどうか判断できるよう、是非、情報提供に協力しましょう。

選択肢③防災やイベントなどで地域と連携する

マンション内に自治会や共助コミュニティ機能がある場合も防災訓練やイベントなど、マンションだけで行うには負担が大きいものについては地域と連携して行ったり、その活動だけ参加させてもらうのも一つの選択肢です。特に災害時に自宅避難となる可能性の高いマンションは、防災・減災はもちろん、避難生活を安心して送るためにも今後、自治会・町内会など地域との連携が必要ではないでしょうか。まずは現在のマンションの防災体制を確認し、どんな備えや対策が必要か考えてみましょう。

マンションの防災体制をチェックしてみよう

1. 名簿

□区分所有者　□居住の有無　□緊急連絡先

□居住者　□同居する人　□要援護者

2. 防災マニュアル・訓練等

□防災計画・マニュアルがある

□定期的に防災訓練を行っている

□災害時に備えた防災倉庫や備蓄品の装備

□発災時の意思決定、初動対応のルール

□災害時要援護者の把握、支援体制

3. 他のマンションや周辺地域との連携等（例）

□地域の防災情報や要援護者情報の共有

□地域と共同で防災訓練を実施

□地域と共同で防災計画を作成

□災害時の協力協定の締結

□共用の防災備蓄倉庫の設置、備蓄品の装備

□一次避難地の利用・運営に関する協力体制の構築

□共用スペースを救援物資の一時保管、配給場所に

□給水拠点として入水槽の活用

□共同開催でのイベントの提案

□商店街等との救援物資の支援体制の構築

□ボランティア等、必要な人手の協力体制の構築など

※マンション管理会社の対応や体制についても確認してみよう

コラム②

被災マンションの修繕や建て替えにも合意形成の壁

マンション・コミュニティの有用性をお伝えしてきたところですが、大規模災害により被害を受けたマンションでは修繕や建て替え、解体などで区分所有者の意見がまとまらないという話もよく聞くところです。

首都直下地震等の巨大地震発生の恐れがある中、耐震性不足のマンションの修繕や建て替えなどは喫緊の課題です。[12]国交書によるとマンションの建て替え実績は2013年4月時点で累計183件、約1万4千戸に過ぎません。

そんなマンションの建て替えを促進するため、2014年「マンション建替法」が改正され、「マンション敷地売却制度」や「容積率の緩和特例」が創設されました。

これまでマンションを取り壊して住み替えをする場合、区分所有者全員の同意が必要でした。新たな制度では専門家を入れて管理組合で話し合い、修繕・改修か、建て替えか、売却かを決定。区分所有者集会において5分の4以上の賛成によりマンションとその敷地を売却。得た金銭でマンションの再

12 「老朽化マンションの建替え等の促進について」国土交通省（平成25年）

建や反対する所有者の権利を買い取るなどし、再建後は再入居するか、他へ移住するか選択することができるようになりました。

とはいえ、それぞれが置かれた環境や事情が異なる区分所有者の中で、5分の4の賛成を得ることも容易なことではありません。それぞれ状況や思惑が異なる中で、いざという時にスムーズな合意形成できるよう、万が一の備えとして区分所有者間で情報共有やコミュニケーションを図り、事前に検討しておくことも大切です。

東日本大震災の後、仙台市で策定された「分譲マンション防災マニュアル作成の手引」では被災したマンションの声が紹介されています。

「被災により住宅が全壊する等、著しい被害を受けた場合、[13]公的支援の支援金がありますが対象は居住者に限られ、賃貸して居住していない所有者には支給されません」

「地震保険に関しては未加入のマンションは当然、修繕費用に困難が生じましたが、加入している場合でも被災の程度によって保険金額に大きな差が生じました」

改正「マンション建替法」の変更点

	一般のマンション	耐震性不足のマンション
改修	区分所有法による改修 ⇒3/4以上の賛成	耐震改修促進法による改修⇒過半数の賛成 容積率等の緩和特例 （2013年改正措置）
建替	区分所有法による建替え （個別売却） マンション建替法による 建替え（権利変換） ⇒4/5以上の賛成	**2014年改正措置** マンション敷地売却制度 ⇒4/5以上の賛成 容積率の緩和特例
取壊・住み替え	民法原則に基づき 全員同意が必要	

出典：国交省「マンションの建替えの円滑化等に関する法律の一部を改正する法律」

こうした情報も被災して初めて知るのではなく、事前に情報収集や対策の検討ができるよう管理組合のあり方を見直したり、所有者や居住者間のコミュニケーションが活発になるマンション・コミュニティのあり方を検討してみましょう。

第4章

令和に求められる共助、アフターコロナの自治会・町内会

自治会・町内会の多くは昭和に設立された団体です。時代が平成、令和と変わる中でも自治会・町内会は昭和のやり方をほぼ変えることなく今日に至ります。新たな時代にどのような運営や活動が求められるかについては、昨年3月に発刊された前著『トラブル解消、上手に運営！　自治会・町内会お悩み解決実践ブック』にすでにまとめており、ここではアフターコロナ、ウィズコロナで求められる自治会・町内会の役割や変革について触れます。

(1)コロナ禍は活動を見直す絶好のチャンス

新型コロナウィルスの感染拡大の収束が見えない中、様々な活動が制約を受けていますが、ただ傍観し手をこまねいているのではなく、今こそ一度、立ち止まって自分たちの活動を見直す良いチャンスです。

日頃は目の前のことで忙しく、与えられた役割をこなすのに精いっぱい。現在の運営や活動内容について吟味するゆとりもないというのが正直なところです。

年々参加者が減少し、役員の負担になっている活動も少なくありません。十年、二十年と続く事業を自分の代で止めることもなかなかできないという声も良く聞かれるところです。疑問に思いながらも見直しができない、そうした活動になっていないでしょうか。

自治会・町内会の活動は基本、法律でこれをやりなさいと決められているものは一つとしてありません。自治体からの委託業務は委託料をもらう限り全うする責任を負いますが、負担ばかりで意味がないと思えば、委託を受けないことも選択肢です。自治会・町内会の運営や活動は公序良俗に反しない限りメンバーで決めたことがルールです。総会の議決を得れば、誰に文句を言われることもありません。時代とともに社会が変化する中で、地域の課題や住民のニーズも昭和とは異なるものになっています。

自分たちにとって本当に必要な活動とは何か、どういう運営の方法であれば、新たな人や若者も参加してくれるのか。現在ある活動を見直して本当に今、自治会・町内会がやるべきことは何か、自治会・町内会は何のためにあるのかを原点に立ち戻ってまずは話し合ってみてほしいのです。

活動に課題を抱える団体ではこうした本質的な議論がほとんど行われていません。

まずは忌憚のない意見を言える意見交換の場を設けて、それぞれが本心ではどう思っているのか、思いや考えを聞き、現在の活動や本当に必要なことは何か、改善すべきことはないかなど、意見を出し合い話し合うことです。

現在、コロナ禍で会議ができない場合、アンケートで会員の声を聞くのも一つの方法です。

(2)今、求められる自治会・町内会の役割とは

一言で自治会・町内会といっても大都市と農村、規模の大小、成り立ちや歴史も千差万別。運営方法も活動内容もそれぞれに異なっています。

求められる活動には地域差もあるでしょう。地域が抱える課題も様々で、高齢者福祉が喫緊の課題の地域もあれば、子育て支援が重要と考える地域、外国人居住者とのトラブルで悩む地域もあります。地域で必要とされる役割はそれぞれ異なります。

その中で全国共通、どの地域の住民からも高い関心を持たれている活動があります。言うまでもなく、それは防災です。近年のスーパー台風や豪雨災害の頻発、巨大地震

への懸念から、大規模災害に対する地域防災への意識、その充実を望む声は年々高まっています。

こうしたニーズがある一方、現在の自治会・町内会の防災活動を見ると、近年多発する大規模災害を想定して対策を行っているものは一部で、自主防災組織や避難所運営マニュアルなど、実効性のある防災活動の不足が感じられます。

地域防災体制は現在のままで良いのか。また地域防災の中で公はどういう役割を果たし、自治会・町内会は何を担うのか、活動のあり方を問い直す必要があります。

自治会・町内会が果たす役割を明確に示し、共助コミュニティとしての存在意義を感じてもらうことが、新たな加入や担い手の獲得につながっていくはずです。

自治会・町内会の活動のやり方も団体によって様々ですが、多くは自分が属している団体のやり方しか知らず、それが当たり前だと思っています。しかし、もっと外に目を向けて他の団体の活動を見れば、そこには全く異なる運営や活動があります。もっと他団体と情報交換して互いにノウハウを共有していけば、活動もより刷新されるはずです。

本書では先進事例も多数紹介していますが、皆さんの地域にもそれぞれ優れた取り組みはあり、自治体や連合会などに尋ねれば、知ることができるでしょう。興味ある活動があれば見学させてもらったり、話を聞かせてもらいましょう。

(3)アフターコロナに、新たな参加を呼び込むには

リモートワークなどで地域に人が戻ってきて、共助の必要性を多くの人が感じている今こそ、自治会・町内会に若い世代の人たち、これまで活動に参加してこなかった住民などにアプローチするチャンスです。

活動の魅力を知ってもらうと同時に、参加を呼びかけるアピールをしっかり行っていきましょう。そのためには参加したくなる運営方法や活動内容はもちろん、どうすれば相手に必要性を感じてもらえるかを考えることが重要です。

アプローチ方法については加入ありきではなく、地域デビューのイベントやボランティアの募集など、お試し的な参加を促すため、ハードルを低くして呼びかけてみましょう。

アプローチで重要なことは、共助コミュニティを求める側と、その受け皿となる側、

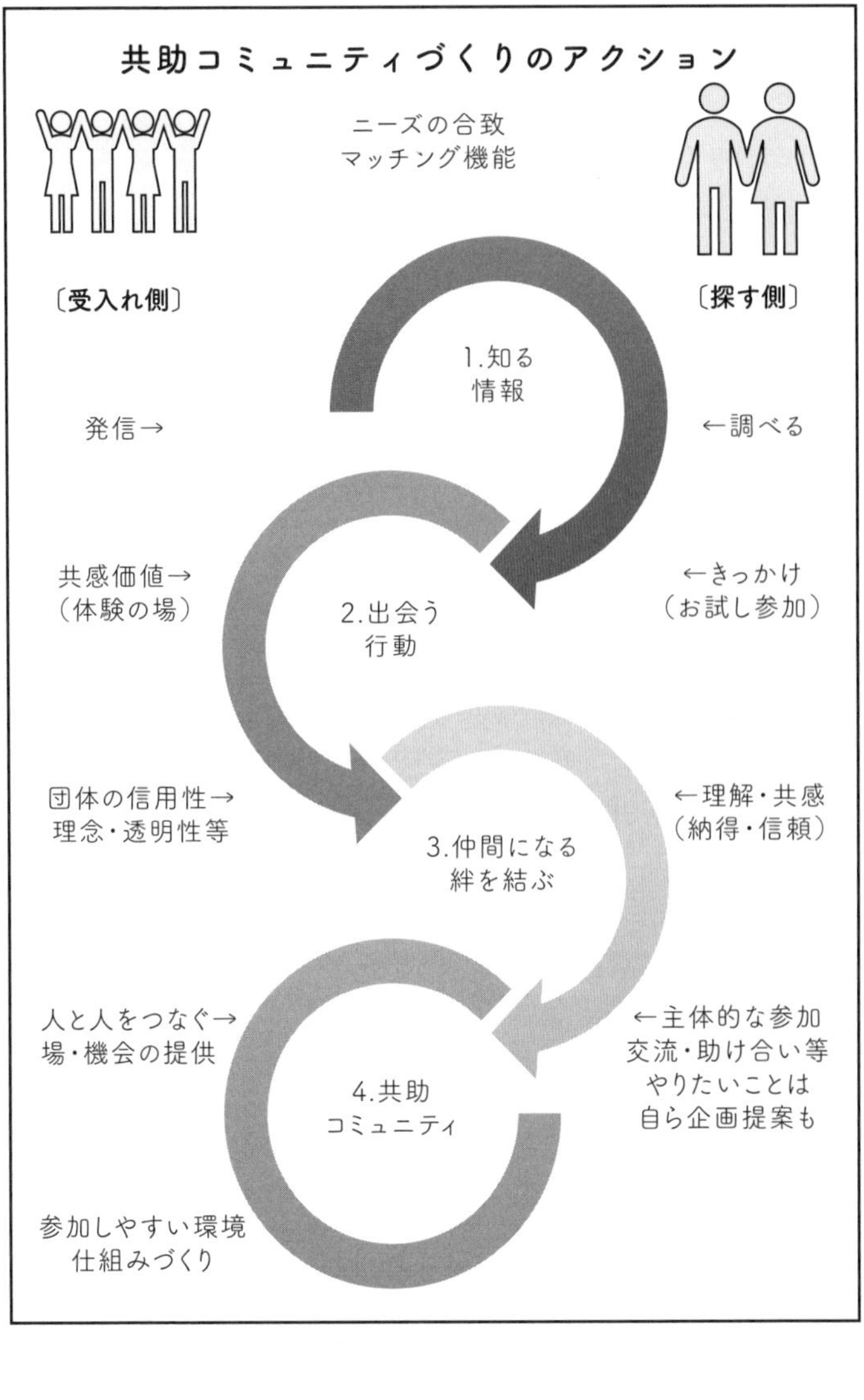
共助コミュニティづくりのアクション
ニーズの合致
マッチング機能
〔受入れ側〕
〔探す側〕
1.知る
情報
発信→
←調べる
共感価値→
（体験の場）
←きっかけ
（お試し参加）
2.出会う
行動
団体の信用性→
理念・透明性等
←理解・共感
（納得・信頼）
3.仲間になる
絆を結ぶ
人と人をつなぐ→
場・機会の提供
←主体的な参加
交流・助け合い等
やりたいことは
自ら企画提案も
4.共助
コミュニティ
参加しやすい環境
仕組みづくり

それぞれのニーズとアクションを合致させることが大切です。

そのためには相手のニーズを知ることが第一です。また、どんな素晴らしい企画・提案も相手に届かなくては話になりません。まずはどうやって知ってもらうか、情報を届けるかがカギになります。大切なことは相手が目にするところに情報を置くことです。

自治会・町内会の主たる広報手段といえば、回覧板と掲示板ですが、たとえば地域の商店街、若い世代も多く訪れる飲食店、スーパーやコンビニ、病院や不動産屋など、相手と情報の効果的な接点となり得る施設や店舗などにポスターを貼らせてもらったり、チラシを置かせてもらうなどするのも情報を拡散する一つの方法です。

また、目にしてもそこに興味関心を惹く内容がなければ、手に取って見てもらうところにまで至りません。見てもらうためには興味を掻き立てる訴求力のある画像やタイトル、色使いなど、デザイン上の工夫も必要です。

さて、相手の興味関心を惹けたからといって即行動に移るわけではありません。そこから人が実際に行動に移すには、是非参加したいという欲求を高め、アクションを阻害するような要因を極力排除しなくてはなりません。

たとえば、参加したいと思って申し込み方法を見たら、電話やＦＡＸのみ、これでは若い世代の多くはそこで離脱する可能性が高まります。

ＩＴの活用はすぐに対応は難しいかもしれませんが、自治会・町内会専用のメールアドレスを一つ作って、そこに連絡してもらうようにするなどの方法を取ることができれば、申し込みの手間やハードルは下がるでしょう。

ＩＴの活用に関しては会員の中でお手伝いしてくれるボランティアを募集してみましょう。一般の世帯だけではなく、企業団体に加入してもらい、それぞれ得意分野で協力してもらうなど、間口を広げて仲間を増やすことも有効です。

何はともあれ、アクションを起こさなければ、リアクションも返ってきません。本気で投げたボールは、必ず誰かに届きます。まずは一つ、ボールを投げてみましょう。そこから全てが始まります。

コラム③　あなたの「共助力」チェック

いざという時に助け合える人とのつながりや地域の絆、みなさんはどんな共助コミュニティを有しているでしょうか。誰にも頼ることができない無縁社会の中で孤立するのではなく、困った時に助け合えるつながりを増やし、共助力を高めていきませんか。

つながりも様々、できることは人によって異なりますが、お金や物など直接の支援ではなくても、つらい時に話を聞いてもらうだけでもどれだけ助けになるか分かりません。自分のことを気にかけてくれる家族や友人。何かあったら駆けつけてくれる地域の仲間、助けを求めたらネットで支援してくれる人たち。今後はこうしたつながりや絆こそ、最大の財産となるかもしれません。

つながりは自治会・町内会に限らず、趣味でもＮＰＯなどの活動やＳＮＳでも何でも良いので、自分が居心地が良くて楽しい場所を探して参加してみましょう。

いざという時、頼りになる、あなたの共助力チェック

該当する項目にチェックが多いほど、共助力が高い傾向にあります

〔家族・友人等の有無〕

□同居する家族等がいる　□近くに家族や友人等が居住
□地域に友人や顔見知りなど、頼れる仲間がいる

〔分譲マンションに居住〕

□管理組合あり　□理事経験あり
□マンション内交流あり　□住民の交流事業に参加経験あり
□マンション自治会設立、又は地域の自治会等に加入
□マンションと地域の交流、連携や協力体制がある
□マンション、又は地域の防災訓練に参加している

〔戸建て・賃貸住宅に居住〕

□持ち家、戸建て住宅（永住目的、地域に長く住む）
□地域の自治会・町内会に加入している
□自治会・町内会の活動に参加している
□自治会・町内会の役員経験あり
□地域の防災訓練に参加したことがある
□賃貸の管理会社等で、災害時の対応策や情報提供がある

〔地域との繋がり〕

□子どもを通じ、学校や地域とのつながりがある
□NPOやボランティアなどの市民活動に参加している
□趣味のサークル、オヤジの会等に参加している
□子育てサロンなど、同じ悩みを持つ人の集まりに参加している

つながりを作っていく上で大切なことは、次の4つです。

1つは「継続的」な活動であることです。年一回の単発の祭やイベントで会ったことがあるが、名前も知らないではなく、同じ釜の飯を食うではないですが話をしたり、何度か一緒に活動に参加して交流して継続的に会う機会を持つことで付き合いも深くなり、親しさも増すでしょう。

2つ目は「共通した趣味や目的」を持つことです。会話が弾みますし、分かり合える部分もあるでしょう。何より共通の目的があれば、協力して取り組むこともできます。まちを明るく元気にしたい、同年代で音楽サークルを作りたいなど、一人ではできないことも力を合わせればできるということもあるでしょう。

3つ目は「楽しいこと」です。自治会・町内会が活気を失っている理由の一つは、ルール・慣習として仕方なくやる活動になっていることです。得意でないことややりたくないことを押し付けられたら誰も行きたくなくなります。楽しいから続けられるし、良い仲間もできます。

4つ目は「決めつけない」ことです。よく知らないうちに第一印象だけで良い悪いを決めつけてしまうと、じっくり話したらすごく面白い人だったり、自分にとってかけがえのない存在になったかもしれない人との出会いを自分で摘みとってしまうかもしれません。

つながりの程度

〔つながりのレベル〕
○知り合い（顔見知り）
○共通の目的や接点など（友人）
○同じ団体等に加入、所属（仲間）
○家族同然の付き合いをしている

〔つきあいの程度〕
○一度、会ったことがある（同席など）
○話したことがある（挨拶程度）
○交流したことがある（懇親会など）
○仕事上のみ、プライベートは知らない
○一緒に活動したことがある（祭など）
○定期的に会っている（継続的活動）
○よく知っているが、深い話はしてない
○付き合いが長く、深い話ができる
○共に何かやり遂げた、強い絆がある

〔仲の良さ〕
○あまり仲良くない、よく思ってない
○馬が合わない、話が合わない
○特に良くも悪くもない、普通
○とても仲が良い
○とても仲が良かったが、仲違いした
○第一印象は最悪、今は親友

つながりがなく、それぞれが孤立した社会

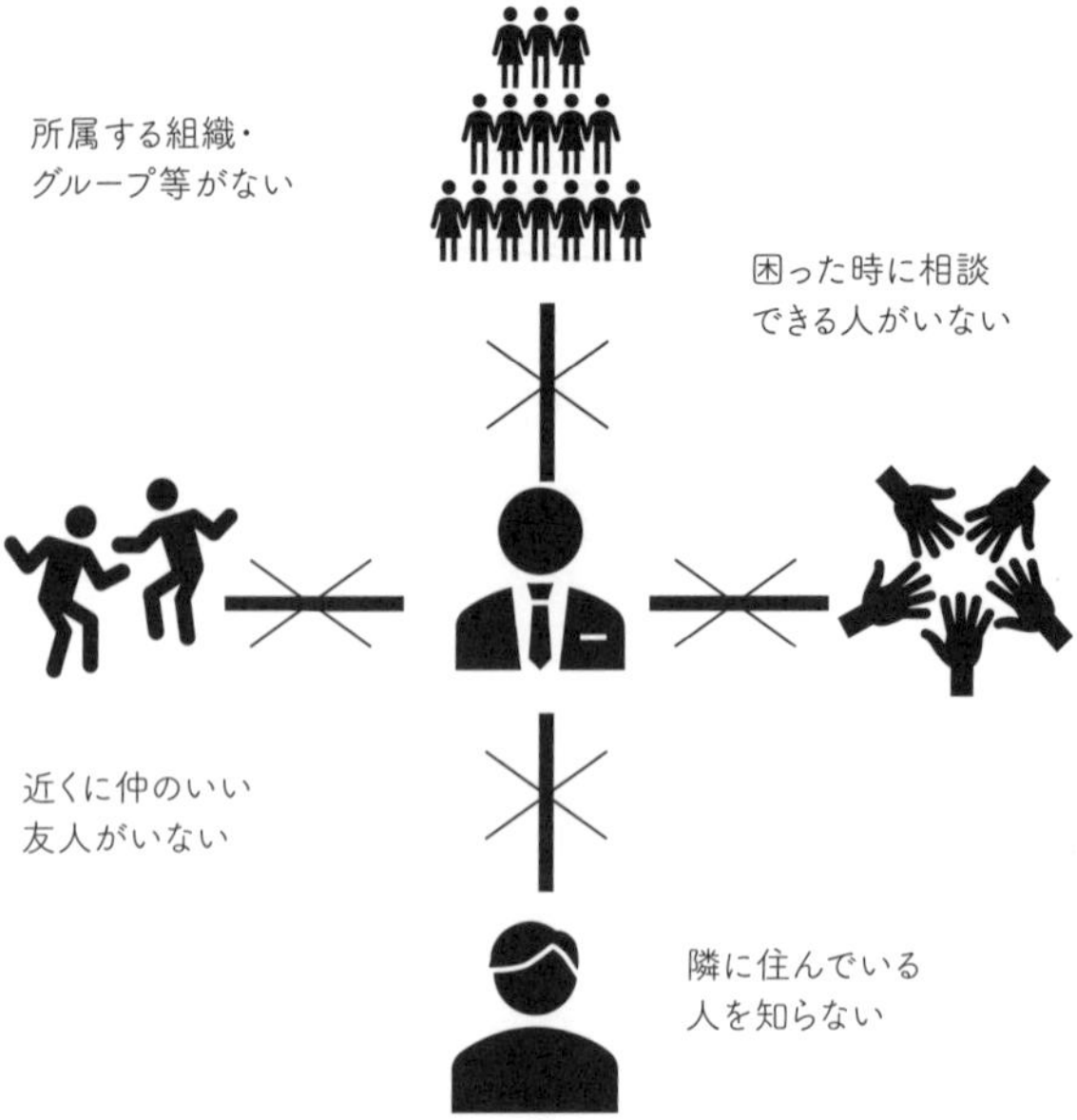

〔頼れるのは自分だけ？　最後は公助に頼る?〕
どこの組織や団体にも所属せず、近くに心を許せる友人もいない、困った時に相談できる人や助けてくれる人もいない。普段はそれでも生活していけるかもしれませんが、病気やケガ、失業、予期せぬ災害など、困難にぶち当たった時、誰にも頼れず、孤立すれば、生活が立ち行かなくなることもあります。

たくさんのつながり、支えがある社会
親や兄弟姉妹・親類、親しい友人等
家族
仕事仲間
自分
子育てサロン
趣味・
スポーツ
市民活動等の
仲間や知人
地域の祭
自治会・町内会
SNSなど
地域交流等
〔困った時は、共助。できることで助け合う、支え合う〕
資金、物資、ボランティア、励ましの言葉、相談相手、情報提供、クラウドファンディング、教育や福祉、環境、まちづくりなどで協力

第5章

先進事例に学ぶ、これからの共助コミュニティ、立ち上げと運営

事例（1）首都圏を襲った台風19号、タワーマンションはこう戦った

▼パークシティ武蔵小杉ステーションフォレストタワー（神奈川県川崎市）

２０１9年10月6日に発生した台風19号は、12日に日本に上陸し、首都圏にも想定外の被害をもたらしました。特に神奈川県川崎市中原区のタワーマンションで起きた浸水、そこから派生した停電などの被害は大きく報道され、衆目を集めました。

タワーマンションなどの高層マンションは地震に強い構造やしっかりした防災対策など、安全面でも高い人気を集めていました。メディアの中にはタワマン神話の崩壊などと面白おかしく書き立てる記事もありました。

筆者はタワーマンションと地域コミュニティの共助関係づくりのお手伝いしていたこともあり、その時、マンションでどのような対応を行ったのか、マンション内コミュニティは機能したのかなどに関心を持っていました。

本書の執筆に当たり、タワーマンションのマンション内コミュニティについて調べていたところ、偶然あるプレスリリースを目にしました。

タイトルは「被災から4ヶ月。停電被害のあったタワーマンションの復旧を内側から語る。ステーションフォレストタワーの真実」、それは武蔵小杉のタワーマンション管理組合の対策チームが発表したものでした。そこには「当マンションに起きた出来事・真実を広く知ってもらいたい」という言葉とともに、「台風19号被災原因調査及び再発防止策検討状況の報告」が添えられていました。

台風19号でマンションに起きた出来事・真実を広く知ってもらう事を目的とした管理組合のプレスリリース

2020年3月被災から4ヶ月、パークシティ武蔵小杉ステーションフォレストタワー管理組合／SFT1013対応タスクフォースから出されたプレスリリース。併せて「台風19 号被災原因調査及び再発防止策検討状況の報告」も発表された。

そこでマンションの取り組みを紹介できないかと問い合わせたところ、先の台風被害ではデマや憶測による風評被害もあり、事実を伝えて頂けるのであれば協力したいと取材を受けて頂けることになりました。

予期せぬ台風被害に見舞われたタワーマンションにおいて、管理組合や管理会社、マンション内コミュニティはいかに動いたのか。その時、機能し力を発揮したものは何だったのか。日頃、マンション内ではどんな取り組みや活動が行われているのか。今回は居住者有志による対策チームの情報伝達&広報担当で、マンション内の広報制作なども担当しておられる本平基さんにお話をお伺いしました。

タワーマンションを襲った想定外の被害

最初にタワーマンションの概要と台風による被害の状況を押さえておきましょう。

今回のタワーマンションがある川崎市中原区は東側を多摩川に面し、対岸には東京都大田区があります。中原区の人口は約25万人、中心となる武蔵小杉駅周辺は再開発により、ここ10年多くのタワーマンションが建設され、住みたい街ランキングでも常

神奈川県川崎市中原区のタワーマンション
パークシティ武蔵小杉ステーションフォレストタワー

多摩川に面し建つ、タワーマンションの外観。
対岸は東京都大田区

〔施設の概要〕
竣工：2008年10月
構造・規模：共同住宅（地上47階・地下3階、総戸数：643戸）

防災関連の施設・取り組み等：
・防災センター（1階）、防災倉庫（地下3階／地上1階）
・自家発電設備、防災対応トイレ（1階に3ヶ所）、AED
・独自の防災マニュアルを作成、毎年防災訓練を実施

画像は全て、パークシティ武蔵小杉ステーションフォレストタワー提供

に上位に入る人気のまちとなっています。

パークシティ武蔵小杉ステーションフォレストタワー（以下、略称SFTとします）は2008年竣工、地上47階、地下3階のタワーマンションです。総戸数は643戸、居住者数は1千5百人を超えます。

多くの共用施設を有し、1階にはコンシェルジュカウンターのほか、警備員が常駐し巡回警備や監視を24時間365日体制で行う防

年1回開催される防災・防犯訓練

防災グッズの販売も行われる

消防署からの講話の様子

災センター、マンション内のイベントなども開催される広いエントランスホール、防災対応トイレなどを備えます。この他、自家発電設備や非常用階段避難車、ＡＥＤなど、施設内の設備は万全です。

防災対策はソフト面も充実しています。東日本大震災を経験し、２０１２年に作成した独自の防災マニュアル、毎年行われる防災訓練には随所に工夫が見られます。

イラストを多用した防災マニュアルは第一に居住者の安全の確保を、第二に被災後のサバイバルを手助けすることを考えた実践的な内容となっています。

防災訓練ではフロアごとの点呼訓練、防災グッズの販売等も行われます。マンションの向かいに

台風19号における居住者有志の取り組み

満水となった地下ピットから溢れた水を空きのある地下ピットに水を送る作業をする居住者ボランティア

SFT1013対策タスクフォース
居住者有志によるチームが竣工図面で浸水原因を究明

消防署があるため、年によってはしご車による救出訓練や煙体験、ＡＥＤの使用訓練なども取り入れ、居住者に興味を持ってもらえるようにしています。

以前は地下3階の防災倉庫にのみ保管していた備蓄品も震災後は、住居各階に水と簡易トイレ、5階ごとの拠点階に災害対策備品を収納するようにしました。近隣マンションやＮＰＯと連携したデジタル無線機も設置し、災害時に活用できるようにしており、まさに非の打ち所のない防災体制です。

しかし、２０１９年10月12日台風19号が上陸。多摩川流域の降雨量が平均４７０㎜に上ると多摩川の水位が上昇。すると雨水や汚水を川に流す排水管から川の水が逆流する、いわゆる内水氾濫が発生し、マンション敷地内とその周辺が浸水することになりました。

従前よりハザードマップにより浸水対策は講じられていましたので、地上からの浸水には居住者が協力して土嚢《どのう》を積み、1階出入口や駐車場入口からの浸水を防ぎ建物への浸水を阻止しました。しかし、地下からの流入は想定外でした。

13日未明、地下4階相当部の貯水槽へ水が流れ込み、溢れたことで地下3階部分が浸水し、電気・機械設備が冠水。これにより停電が発生し、給排水やエレベーター、機械式駐車場などが停止する事態に至りました。

被災初日には「電源は当分復活しません」との掲示が貼り出され、先が見えない中、居住者は長期の避難生活を覚悟したといいます。

迅速な初期対応　―災害対策本部はどう動いたか―

被害の翌朝、SFTはマンション管理組合の理事長を本部長とする自主防災組織「災害対策本部」を設置。メンバーは管理組合の理事やSFTの常設委員会の委員、居住者のボランティアスタッフで構成されました。

災害対策本部の対応（2019年10月13日～28日）

主な対応
① 緊急一時避難場所の調整と確保
② 保健所と共同で全戸安否確認の実施
③ 外部への避難者及び帰還者の名簿作成
④ 館内＆非常階段等の安全確保（照明設置・電池交換）
セキュリティ確保
⑤ 階段を使用出来ない居住者の救護
⑥ 住民説明会、居住者への広報活動、住民専用Chat開設・管理
⑦ 罹災証明書の取得と配布
⑧ 居住者からの相談窓口
⑨ 保存水及び簡易トイレ用品の追加配布（1F及び各階）
⑩ 近隣マンション管理組合及びNPO団体への支援要請
⑪ 管理会社と復旧状況及び対応に関する協議
⑫ 被災状況を考慮した消防計画を消防署へ提出
⑬ ボランティアの募集・登録・指揮
⑭ その他、早期復旧に対する作業で生じた雑務等

出典：台風19号被災原因調査及び再発防止策検討状況の報告（SFT1013対応タスクフォース）

緊急対策本部の役割は居住者の安全確保と被害の拡大防止です。まずは規約に沿い災害対策本部を設置し、全戸の安否確認、外部への避難者や帰還者の名簿を作成しました。

また停電すると窓のない内廊下の部屋は真っ暗になります。エレベーターも止まり、非常用階段を使用することになりました。非常灯や誘導灯はありますが電池は48時間しか持ちません。そのため館内や非常階段等に照明を設置、電池交換するなどの対応を行いました。

地上47階のタワーマンションのため、高層階の住民は日々、何百段もの階段の上り下りにかなりの時間と体力を要することになります。管理会社のスタッフは発災から3日は毎日、午前と午後にこの47階までの階段を2時間かけて上り下りをしていたといいます。階段を使えない居住者もいるため、その救護や高層階へ物資を運ぶなどの支援は居住者同士の協力やボランティアスタッフの力を得て行うことができました。大変な作業でしたが、こうした対応が混乱もなく行われたのは、平時の災害対策や防災訓練の賜物といえます。

また復旧に向けては管理会社やデベロッパーなど、関係各社の協力により、電力は約1週間、水道は約2週間で復旧。長期の避難生活を見越してマンスリーマンションの確保等の準備を始めていた居住者からは驚きの声が上がりました。

居住者による原因究明と再発防止　—タスクフォースの立ち上げ—

緊急対応の役割を負った災害対策本部は、発災翌日の10月13日から同月28日までの16日間、管理会社とともに仮復旧に向けた対応で主導的な役割を果たし、その結果、被災1ヶ月後には被災前とほぼ同じ生活を送れるようになりました。

それまで目の前のことに対処するだけで精一杯で、外に目を向ける余裕もなかったSFTですが、日常を取り戻す中で、ようやく武蔵小杉やタワーマンションに対し、外部で事実と異なる憶測やデマなどの情報が多々あることを知りました。

SFTとしては元々、今回の原因究明と再発防止策などを検討する必要もありましたが、ここに真実を知ってもらうための取り組みが加わることになりました。そのために11月10日に立ち上がったのが、居住者有志による対策チーム「SFT1013対策タスクフォース」です。

有志によるチーム結成の経緯は、台風19号被災関連の対応が多岐に渡り、原因究明や再発防止対策を立案する上で、様々な専門知識や経験を持った人材が必要となること。また通常業務の負荷もある理事会・委員会のメンバーのみで対応する事は難しく、理事会でタスクフォースのメンバーを募集することにしました。

するとこの呼びかけに40名以上から参加表明が寄せられました。このうち11名をコアチームとし、その下に「原状回復」、「保険・財務」、「原因調査・再発防止検討」、「情報伝達&広報チーム」の各タスクチームを置きました。コアチームは課題の整理

マンションの組織と役割、協力体制

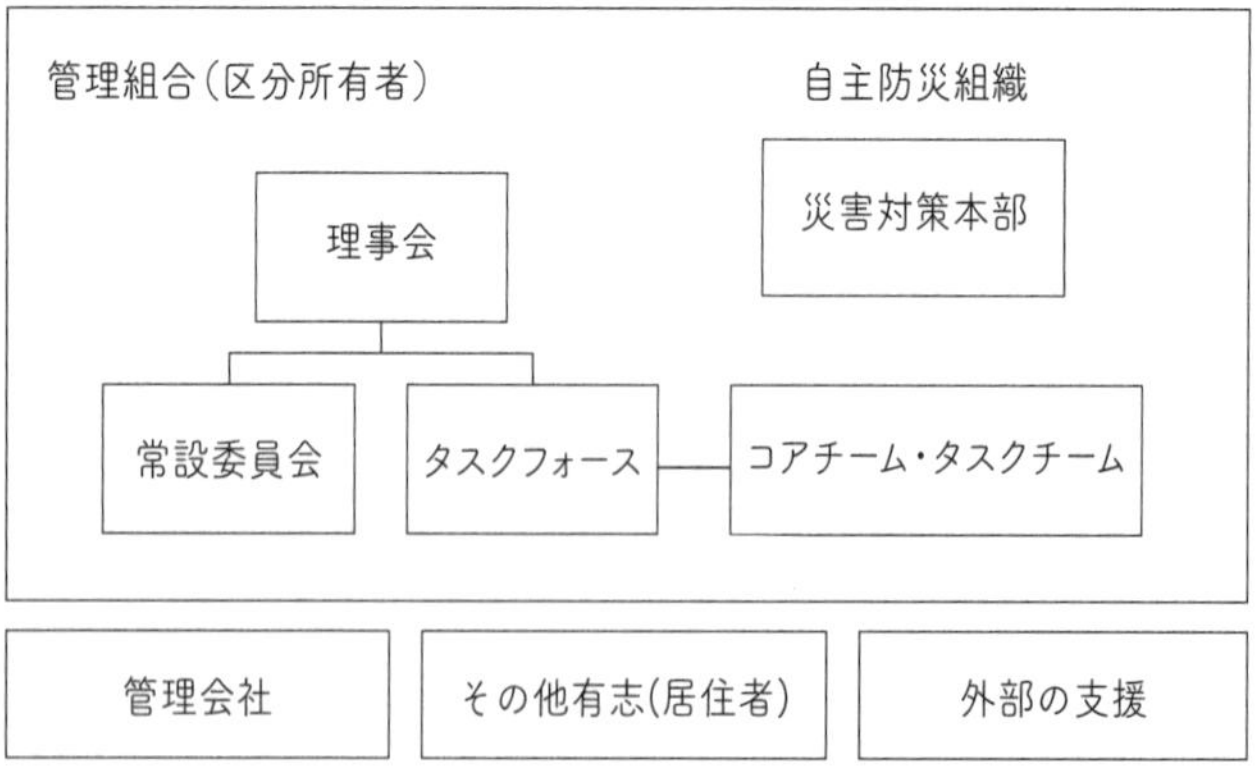

〔理事会〕
理事、監事、管理会社が出席。住民の代表としてマンションの諸問題に取り組む

〔常設委員会〕
コミュニティ、防犯・防災、資産価値向上、大規模修繕、IT・広報の各委員会

〔災害対策本部〕
マンション内の自主防災組織。主に仮復旧まで、管理会社とともに対応を主導

〔タスクフォース〕
原因究明や再発防止等、主に仮復旧後の対応を主導。タスクごとに専門チーム

〔管理会社〕
仮復旧・本復旧、原状回復に関し、理事会の指示や承認に基づく対応等

とチーム運営を担い、全体を把握。理事会や居住者との窓口などを担います。

参加メンバーの3分の2は何がしか専門分野を持っており、銀行などの金融機関、ITやエンジニア、報道や行政機関に勤める人もいました。中にプロジェクトマネジメントに長けているメンバーもいて、それぞれの専門や得意分野、ネットワーク等を駆使し、個々の課題に当たりました（個々の取り組みはタスクチームが公表した報告書をご覧ください）。

タスクフォースの活動は現在も継続しており、今後より一層災害に強いマンションにしていくことを目指しています。

災害対応で再認識した居住者の一体感と協力体制

SFTでは今回の災害対応において居住者の絆や一体感、協力体制の重要性が再認識されました。

被災当日のボランティア募集を行う館内放送では、瞬く間に200人近い人が集まり、逆にお願いすることがなくて人が余るほどだったといいます。停電後は館内放送が使用できなくなりましたが、[1]ＬＩＮＥのチャットで希望する居住者とコミュニケーションが取れるようにすると当日のうちに７００人が参加。総戸数６４３戸のマンションでこの数字は驚異的です。

１つには、ＳＦＴが東日本大震災を経験したことが、高い防災意識や今回のようなマンション居住者同士の助け合いにつながっていると考えられます。東日本大震災では、帰宅困難者の受け入れも行いました。３・11当日は停電も経験、災害時の高層マンションにおける課題も浮き彫りになり、そこから防災対策も一層強化してきました。

しかし、この一体感、協力体制はそれだけで実現できるものなのか。今回の取材では特にこの点についてＳＦＴでどんな取り組みや活動があるのかを聞きました。

まず、今回の台風の被害を受ける前の住民間のコミュニケーションがどういうものであったのか。住民同士の交流やコミュニティ活動、周辺地域との連携等について聞いてみました。

すると他のマンションと比較したことがないので分かりませんが、という前置きをした上で良い方だと思いますという答えが返ってきました。

ＳＦＴでは「フロア懇親会」や「新１年生の会」といったイベントを定期的に行っ

ていて、同じフロアや子どもの学校等で共通点がある居住者同士の認知度はかなり高く、マンション内で行われるクリスマス会などのイベントには200～300名が参加するといいます。

地域の自治会・町内会には加入していませんが、武蔵小杉駅周辺のエリアマネジメント[2]を行う団体に加入していることから、そこを通じて他のタワーマンション、自治体や企業等とも連携しています。

こうしたマンションの周辺地域のつながりやネットワークは、今回の台風被害の際にも発揮され、様々な支援を受けることができました。報告書には支援先と支援の内容が記されていますが、支援を受けたのは機材や資材、ボランティアにとどまりません。停電してお風呂に入れない時には地域のスポーツクラブなどが浴場やシャワー、周辺のマンションでは避難場所やランドリーなどの施設を提供してくれました。

支援についてはSFT側で依頼したものもあれば、先方から申し出てくれたものもありましたが、エリアマネジメントに加入する企業からは多数のモバイルバッテリーやLEDランタンなどの提供を受けました。報告書に記載された多岐に渡る支援を見

1　LINEアプリのグループトーク機能を通じて、最大5000人のユーザーとコミュニケーションが取れるオープンチャット機能。普段使っているアカウントとは別のプロフィールが使用でき、トークルームを非公開とすることもできる。

2　「NPO法人小杉駅周辺エリアマネジメント」武蔵小杉駅周辺の住民を対象にまちづくりに関する事業を行う。https://musashikosugi.or.jp/

ると、いかに日頃のつながりが重要かを痛感します。

SFTでは管理組合の理事会の下に、防犯・防災や資産価値向上など5つの常設委員会が設置されており、マンション内コミュニティの活動も活発です。マンション内のイベントを企画運営するコミュニティ委員会は、子ども向けのイベントからシニア向けのイベントまで年間を通じて様々なイベントを開催しています。ひな祭りや七夕、クリスマス会など季節のイベント、絵本のお話会（読み聞かせ）は隔月で開催。イベントの参加者は年々増加の傾向にあります。

コミュニティの形成において重要なことは、顔見知りを作ることです。年に1回のイベントではなく、顔見知りになるきっかけとなる出会いの場をいかに作れるかがそのカギを握ります。SFTではヨガなどの居住者サークル活動も活発に行われていま す。共用施設のスカイビューバス（大浴場）では裸の付き合いではないですが、お風呂仲間もできているようです。

また、コミュニティ活動を活性化する上で、効果的な情報発信や情報共有を行う広報・コミュニケーションツールは欠かせません。

IT・広報委員会では広報紙やホームページの作成にも力を入れています。タワーマンションのホームページの中には管理会社が設置したものが多く、施設情報が中心になりがちですが、SFTのホームページを見るとこうしたコミュニティ活動の情報が丁寧に紹介されています。居住者専用のホームページも備えており、居住者とのコミュニケーションを図る上でも有効なツールとなっています。

マンション内新聞「SFT通信」の発行

パークシティ武蔵小杉ステーションフォレスト通信 第17号
2014年1月6日(月曜日)[不定期刊行]
防災訓練が実施されました
今年ははしご車も!
各階備蓄開始
防災備蓄品のチェックも始まっています!
中原消防署との連携
平成26年1月6日
パークシティ武蔵小杉ステーションフォレスト通信
第17号
Xmasイベント開催報告!
ご存知ですか?お部屋のリフォームの際は管理組合へ届出が必要です
SFT通信に寄稿しませんか?

IT・広報委員会にて制作され、2020年4月まで35号を発行。白黒版は全戸配布、カラー版はマンション住民専用ホームページでダウンロードできる。

広報紙のマンション内新聞「SFT通信」は白黒版が全戸に配布されるほか、カラー版がマンション住民専用ホームページでダウンロードすることができます。居住者の目を惹くデザインや紙面作りも行われており、イベントなどへの居住者の参加意欲を高めるものとなっています。

日々の活動が基礎となり、人と人が出会い、つながりをつくり、いざという時にその絆が共助へとつながっていく。こうした取り組みが多くのマンションに取り入れられたらと願うものです。

事例（2）焼酎作って住民にボーナス？ 地域を巻き込む3つの力

▼やねだん（鹿児島県鹿屋市串良町柳谷集落）

鹿児島県鹿屋市は本土最南端へと伸びる大隅半島のほぼ中央に位置する人口約10万人のまちです。ここに奇跡の村と呼ばれる集落があります。その名は通称「やねだん」、正式名称は鹿屋《かのや》市《し》串良《くしら》町《ちょう》　柳谷《やなぎだに》集落。ここを率いるのが地域再生の神様との呼び名もある豊重哲郎さんです。

柳谷集落の人口は現在２３２人、世帯数は１１９世帯で、高齢化率45％を超える小さな集落です。一般的に65才以上の高齢者が人口の半数を超え、社会的な共同生活の維持が困難となる集落のことを「限界集落」[1]といいますが、数字的にはその一歩手前といえる地域です。こう聞くとそんなところで暮らすのは大変そうだなと思う方もおられるでしょうか。しかし、これからお伝えする取り組みを知ったら、すぐにでもここに移住したいと思うかもしれません。

焼酎で自主財源を稼ぎ、住民にボーナス支給

1996年高齢化が進む柳谷地域で、豊重さんは集落活動の拠点となる自治公民館の館長に就任しました。この時、豊重さん55才。通常65才前後の人たちが輪番で務める役でしたが、何故か大多数が豊重さんに投票。集落の偉いさんからは「10年早いけど、この集落を君に託す」と言われたそうです。

豊重さんは柳谷集落出身、地元の商業高校を卒業後、東京の金融機関に10年ほど勤めた後、串良町にUターンしてうなぎの養殖を始め、うなぎ専門店などの事業を営んでいました。この間、串良町の別の地域の公民館長や母校の中学校でバレーボールの

1―2005年に大野晃氏が「限界集落―その実態が問いかけるもの」（農業と経済2005年3月号）で、「65歳以上の高齢者が集落人口の半数を超え、冠婚葬祭をはじめ田役、道役などの社会的共同生活の維持が困難な状態に置かれている集落」と定義した

やねだん（鹿屋市串良町柳谷集落）

ホームページ　http://www.yanedan.com/

沿革：
串良町は鹿児島県肝属郡にあったまちで、2006年平成の大合併で1市3町が合併し、今の鹿屋市となった。柳谷集落は串良町にあった86の自治公民館の集落の一つ。

「やねだん」の名の由来：
江戸時代後期の文化文政から明治にかけ、集落には7家族が暮らし谷の水を使い田んぼを作っていたことから柳谷の田がなまったのではとされる。やねだんは焼酎の名前に採用され、今やブランド名となっている

人口：232人（119世帯）　※令和2年3月末時点の住民基本台帳による

監督を務めるなど、様々な地域活動にも積極的に取り組んでいました。

豊重さんが館長を引き受けた理由は豊重さん自身、集落の現状を見ていて将来に危機感を抱いていたからですが、当初、集落の人と豊重さんの思惑は必ずしも一致していなかったようです。

集落への熱い思いに燃えていた豊重さんに対し、集落の人が豊重さんに期待したのはその人脈やバイタリティーを生かして行政から集落へ補助金を引っ張ってきてくれることでした。

一方、豊重さんが心に思い描いて

いたのは行政に頼らず、地域が自立して「地域ができることは地域でやる」ことでした。これには思惑が外れた集落のメンバーから猛反発を受けました。

ここで豊重さんは地域を一つにまとめ、まちづくりをする上で必要となる一つの方程式にたどり着きました。それが「3：3：3：1」という比率です。これは豊重さんの提案にとりあえず賛同してくれる人3割、義理で仕方なく付き合ってくれる人3割、全くの無関心層が3割、残り1割は何かにつけて文句をつけ参加しない、分かっていても反対する反目者と分析したのです。

まちづくりは無関心層をいかにこちらに向かせるかにある。この人たちをどうまちづくりに引き込んでいくのか。そこで豊重さんが考えたのが次の3つです。1つ目はまちづくりの活動にも資金は必要、自主財源を確保すること。2つ目は人を動かす企画力、どうすれば無関心層が動くのかを考えること。3つ目は演出力、相手を説得ではなく、相手を納得させる見せ方をすること。これはヒット商品を生み出す、企業のマーケティングにも通じるものです。

そこで豊重さんが取り組んだのが遊休地を活用したカライモ（さつまいも）の栽培でした。

実は館長に就任した当時、公民館の運営は年度後半に会計係が15万円前後の運営費を立て替えるような状況で生産活動はゼロ。集落では国の減反政策もあり、水田の42％は休耕。畜産が盛んな地域のため、住民は悪臭やハエに悩まされていました。

この中で自主財源を確保する方法は限られます。そこで豊重さんが目をつけたのが遊休地の活用でした。集落には農業経験豊かな高齢者も多数います。試験栽培をしてみるとカライモは暴風雨などの災害にも強く、苗は農家に提供してもらえるので経費もタダ。6月に植え付けすれば11月には収穫でき、10アール当たり10万円の収益が上がります。これを自主財源につなげていく提案をすると満場一致で了承されました。

同じ時期、豊重さんは公民館の組織改革にも取り組み、既存の高齢者部、青少年部、畜産部、婦人部に加え、新しく文化部を設置。その中に「高校生クラブ」を置きました。実はここで一つのアイデアが浮かんでいました。母校でバレーボールの指導を通じて子どもたちのことをよく知る豊重さんは、高校生クラブの活動にカライモ栽培を導入することを思いついたのです。

高齢化が進行する地域で、活動の担い手に高校生たちを置き、それを集落が後押しする作戦でした。自主財源づくりの企画として高校生たちにはカライモを栽培し、

「飛行機に乗って東京へ行って、ホテルに泊まってオリックスのイチローの野球観戦をしよう」と持ち掛け、集落で唯一の広報手段である有線放送で、遊休地提供を呼びかけたのです。

すると、早々に3人から30アールの無償提供の申し出がありました。「地域でできることは地域でやろう」というスローガンだけで人は動きませんが、高校生の夢を叶えるという企画に集落の住民の心が動き、賛同や応援が集まった瞬間でした。

高校生たちにとって初めてのカライモ栽培は簡単ではありませんでしたが、そこは大人たちがサポートしてくれました。当時、高校生クラブには12名が参加していましたが初年度に35万円の収益を上げ、夢のイチローの野球観戦を実現させました。カライモ栽培はその後も面積を拡大し、2002年には一町歩（1／1万平米）、約80万円の収益を地域にもたらすまでになりました。

また同年、地域活動の拠点となる「わくわく運動遊園」を建設。ここから豊重さんとやねだんの怒涛の活動が始まりました。年表にその代表的な取り組みをまとめましたが、カライモ栽培はその後、やねだんのブランドとなった焼酎の開発へ発展。地域の課題であった畜産の悪臭公害の解決のためにはじめた土着菌製造は、地域環境の改

やねだん活動年表（抜粋）

西暦年	出来事
1996	自治公民館長に豊重哲郎さんが就任
1997	遊休地でカライモ（さつまいも）の生産開始
1998	広さ20アールの活動拠点「わくわく運動遊園」建設 高校生クラブでカライモ生産開始（収益約35万円）
1999	子どもたちへの「おはよう声掛け運動」開始
2000	子どもの学力向上のため「寺子屋」を開設
2001	畜産の悪臭対策や肥料になる土着菌製造を開始 有線放送で、集落の外に出た子からのメッセージ
2002	カライモの生産を1haに拡大（収益約80万円） 「土着菌センター」建設 歴史資料館「お宝歴史館」建設
2004	自主財源づくりで「やねだん焼酎」を開発 地域文化向上の活動拠点「柳谷未来館」建設 「手打ちそば食堂」を開業（来訪者の消費に繋がる） 「柳谷安全パトロール隊」を発足 書籍「地域再生行政に頼らないむらおこし」を刊行
2005	町内会費を7千円から4千円に減額
2006	「土着菌（米ぬか酵母菌）の足湯施設」建設 全世帯にボーナス1万円を贈呈
2007	空き家を「迎賓館」として芸術家の移住を誘致 地域リーダー養成「故郷創成塾」開講
2008	「やねだん芸術祭」スタート
2018	ふるさとづくり大賞「内閣総理大臣賞」受賞

善のみならず自然農法、土着菌を使った足湯施設など、地域の暮らしを豊かにすることにつながりました。他にも「手打ちそば食堂」など、数々の収益事業を生み出し続けています。

　こうした活動によって生み出された自主財源は、1998年から2013年の間で累計6676万円に上ります。収益は地域活動の原資として、様々な施設の充実や町内会費の軽減、そして住民への1万円のボーナスとして還元されたりもしました。

　その活動の全容は本書の限られた誌面では伝えきれません（詳しく知りたい方はやねだんで販売されている豊重さんの著書や活動を紹介したDVD、意欲のある方はやねだん主催の地域リーダー育成の講座もお勧めです）。

第11回「やねだん芸術祭」のポスター

GWに4日間に渡って開催される芸術祭

出典：やねだん　http://www.yanedan.com/

　2007年には集落の課題の一つ、空き家を宿泊施設としてアーティストの移住を誘致する「迎賓館」を整備され、やねだん芸術祭などの活動へも繋がっていきました。これが人口300人足らずの

〔**アトリエ迎賓館**〕
1号館　アトリエ・ギャラリー
3号館　ZO Creations デザイン事務所
5号館　中尾工房美術館
6号館　むら工房

〔**宿泊迎賓館**〕
2号館　宿泊施設
4号館　宿泊施設
8号館　多目的施設、宿泊施設

やねだん関連施設

やねだん案内地図

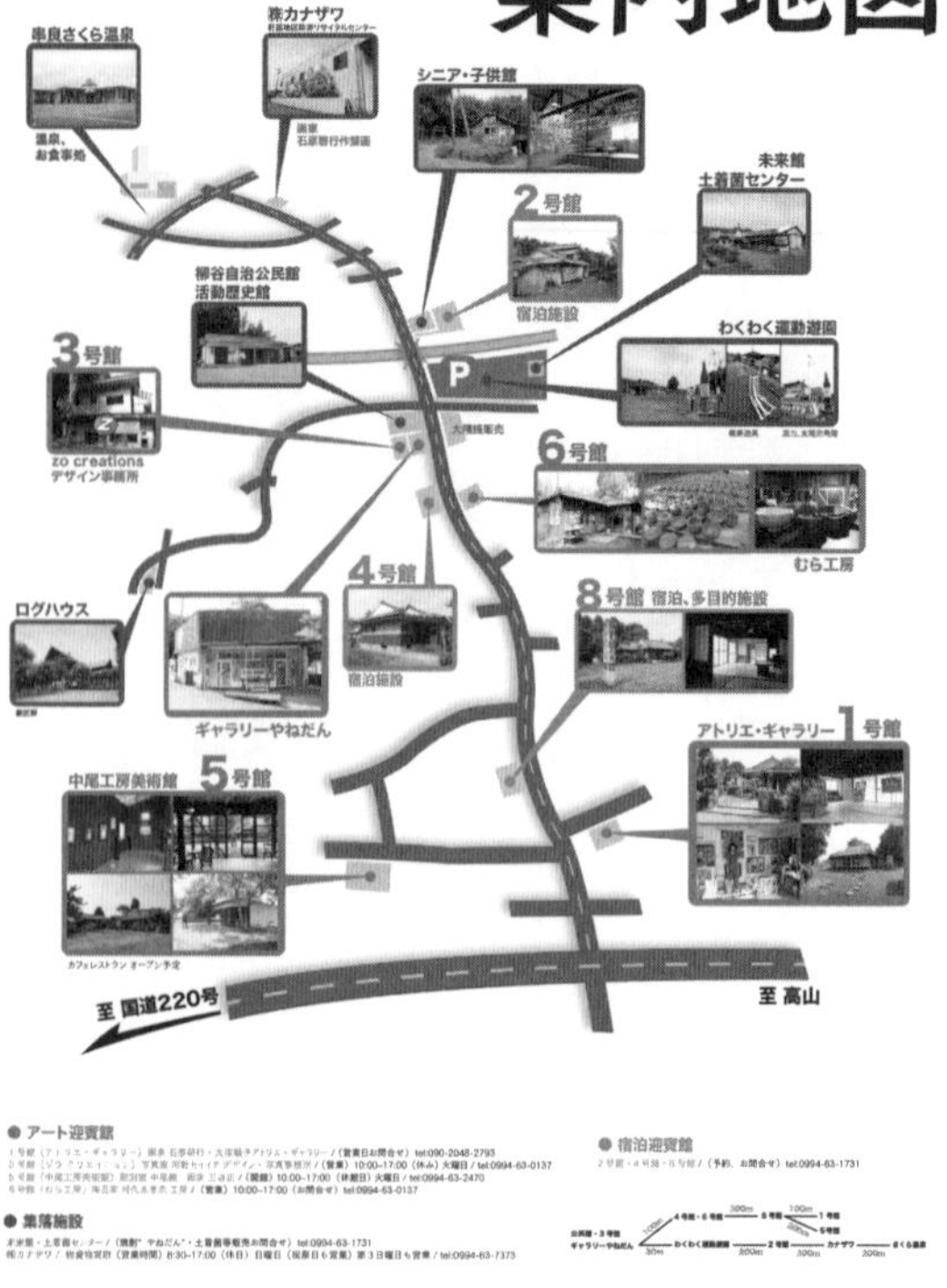

〔集落施設等〕

未来館（焼酎等製造）	土菌センター
㈱カナザワ　資源リサイクルセンター	柳谷自治公民館
活動歴史館	ギャラリーやねだん
シニア・子供館	わくわく運動遊園（遊具、太陽光等発電）
ログハウス（番匠邸）	串良さくら温泉（温泉、食事処）

出典：やねだん　http://www.yanedan.com/

小さな集落で起きた奇跡と呼ばれる10年の軌跡です。

利己から利他へ、今こそ学びたい、豊重イズム

情けは人の為ならずという言葉があります。近年は情けをかけることはその人のためにならないと誤った使い方をしている人もいますが、本来の意味は「人に対して情けをかけておけば、巡り巡って自分に良い報いが返ってくる」というものです。[2]

利他は他人の利益や幸福のために自分を犠牲にすることではなく、共同体の利益や幸福が、結局は自分の利益や幸福の最大化につながっていくということになるのではないでしょうか。豊重さんややねだんはそのことを体現して見せてくれています。

豊重さんが公民館の館長に就任した1998年、柳谷集落の人口は300人を超えていました。そこから10年、高齢化の中、集落の人口は死亡数から出生数を引いた「自然減」と転出超過の「社会減」によって、2006年には285人にまで減少。それが2007年には301人へとV字回復しました。高齢化率が高いため、今後もしばらく自然減は避けられませんが、それでも柳谷集落では持続可能なまちづくりに

2 文化庁「連載言葉のQ&A」https://www.bunka.go.jp/

やねだんの人口

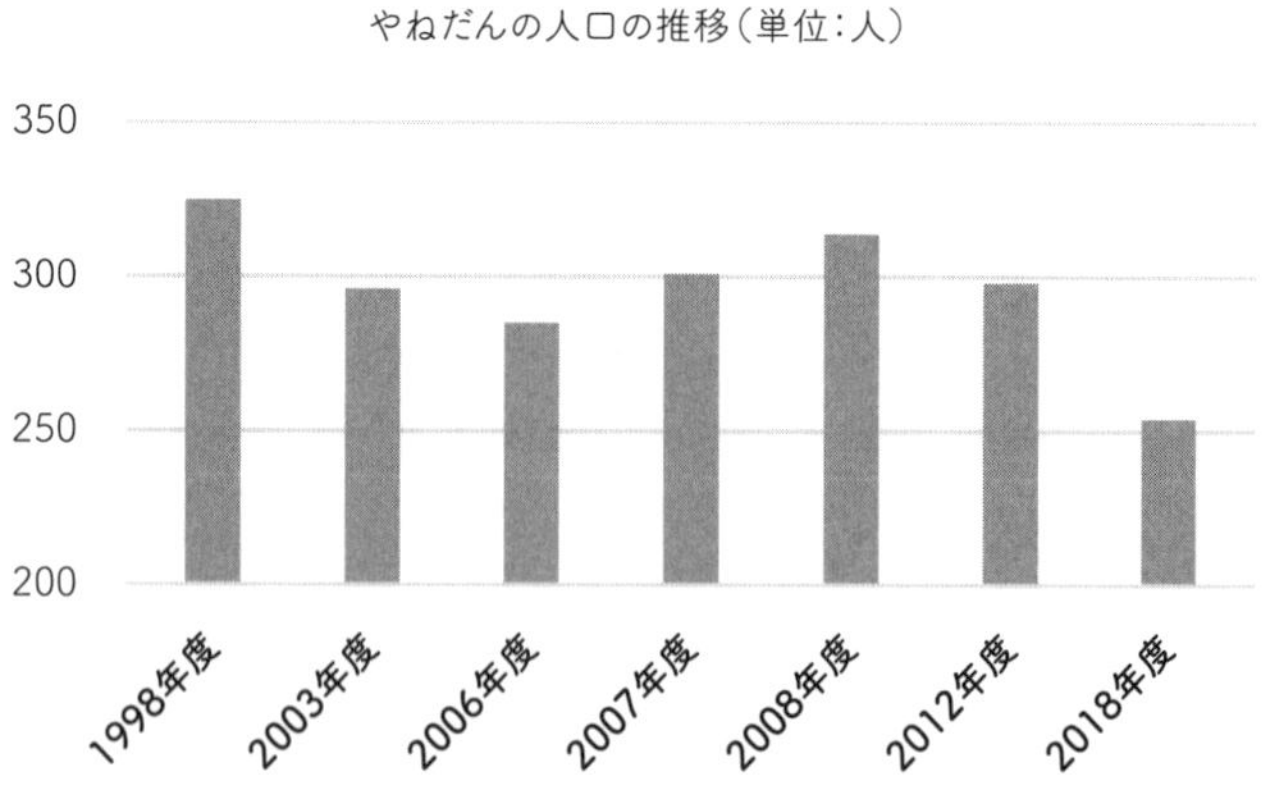

データ出典:やねだん集計

向けての確かな胎動が生まれています。

2018年1月時点の世代別人口を見ると10才未満の人口は26人。2012年以降に生まれた子どもの数は15人にもなります。

やねだんでは今後、集落機能を維持していくには14才以下の若年人口の割合を10%とすることが必要としていますが、2018年時点、若年人口は33名、人口に占める割合は12・9%となっています。

やねだんの活動で最も力を入れてきたのは地域を担う子どもたちを支え、地域とのつながりを作っていく活動でもありました。

そこで豊重さんが強く意識してきたのが「ギャングエイジ」[3]という、子どもの発達過程で起こる課題です。これは9歳以降の小学校高学年の時期、発達に個人差が出るいわゆる「9歳の壁」により自己肯定感を持てず、劣等感を持つ子どももいて、集団で遊ぶ中で自分たちで決まりを作り、ルールを守るようになる一方、閉鎖的な子どもの仲間集団が発生、付和雷同的な行動が見られるとされるものです。

豊重さんは子どもや孫が動けば、親たちが動くことから高校生クラブの活動にカライモ栽培を取り入れるなどしてきましたが、集落の子どもの中には学力不足やギャン

3 文科省「子どもの発達段階ごとの特徴と重視すべき課題」https://www.mext.go.jp/b_menu/shingi/chousa/shotou/053/shiryo/attach/1282789.htm

グエイジに見られる問題行動も起きていました。

そこで豊重さんが始めたのが子どもたちへの「おはようの声掛け運動」でした。地域で子どもを見守る、育てる取り組みはその後、学力低下を補う「寺子屋」や「育英資金」などの支援、46キロメートルの「ミッドナイトウォーキング」など、子どもたちが自分で考え行動できる人間に育てるプログラムへと発展していきました。

その子どもたちが今、Uターンして地域の担い手になるとともに集落で子どもを産み、次世代の担い手たちを育てるようになっているのです。寺子屋の内容も年々充実して、今ではピアノや英会話もここで学べます。

以前は、高校を卒業すると子どもたちは外に出ていき、その多くは戻ってくることはありませんでした。しかし今集落には外からアーティストなどが移住し、地域に刺激を与えています。様々な文化に触れる機会があり、芸術祭も11回を数えるまでになっています。小さな集落ですが、地域が一体となったことで得られる恩恵は、人々の暮らしを豊かにし、安心と幸福をもたらすものとなっています。

今では住民総出の活動となったやねだん。それでも豊重さんはこう言います、「満足は後退です」。ここで満足して歩みを止めれば、いずれ元の集落に逆戻りしてしまうかもしれない。2018年ふるさとづくり大賞「内閣総理大臣賞」を受賞したことを記念して、今年4月には新たなやねだんブランドの梅酒を開発、販売を開始しました。

一人では到底なし得ないことでも多くの人が集まり協力することで実現できることもある。そのお手本のようなコミュニティのあり方ではないでしょうか。

事例(3)孤独死ゼロ、加入率100%の自治会はこうして生まれた

▼大山自治会(東京都立川市)

東京都立川市に「日本一住みたい団地」[1]、「いつまでも住み続けたい団地」などといわれる管理戸数1600戸、居住者数3千8百人を超えるマンモス団地があります。団地が完成したのは1963年、その後、建て替え等を行い、現在は都営住宅26棟に高齢者専用住宅3棟、都民住宅1棟を合わせた全29棟。通称は「大山団地」、そう呼

1 NHK Eテレ「ETV特集 困った時はお互いさま~孤独死ゼロ・大山団地の挑戦~」
https://www.nhk.or.jp/docudocu/program/20/259550/index.html

大山自治会の概要（東京都立川市）

立地：立川市の都営上砂町1丁目アパート（通称：大山団地）

団地建設年：1963年建設、93～09年に建替え（全29棟）

管理戸数：約1,600戸（都の方針で1割は緊急時に備え空室）

〔組織等〕

自治会の会員数：1,480 世帯、3,800人（加入率100％）

団地の高齢者数：65 歳以上　約1,073人（約30％）

役員：会長1名、副会長5名、会計2名、監査2名

部会：体育、文化、交通安全対策、防災・防犯、生活環境

自治会費：1世帯月400円、（他に管理費月1,500円/別会計）

自治会事務所に専従職員（日給月給）と相談窓口を置いている

〔活動の特色①住民の登録義務〕

1.住民の名簿登録　　非常時に備え、世帯主だけでなく家族構成も

2.車両や自転車の登録　　3.動物の飼育登録

4.高齢者に対し、いざという時の連絡先登録（民生委員と連携）

〔活動の特色②孤立死対策〕

向こう三軒両隣の見守り活動

企業との連携（東京電力、東京ガス、水道局）

〔活動の特色③活発な支え合い活動、ボランティア、サークル等〕

1.高齢者・障害者ネットワーク

2.子育て高齢者支援、大山MSC（ママさんサポートセンター）

3.10個のボランティアチーム、4.180のサークル活動

5.高齢者事業団「愛の樹」（人材バンク）、「創年クラブ」設立

ばれる所以《ゆえん》は団地の建設と同時に設立された自治会にあります。

近年、全国で加入率の低下や担い手不足に悩む自治会・町内会が多い中、加入率100％を実現。ゆりかごから墓場までがキャッチフレーズの活動は、ママさんサポートセンターなどの手厚い子育て支援から終活や葬儀、死後のことまで担います。

自治会活動への住民の参加率も極めて高く、運動会には1千3百人が、大山夏まつりには2千5百人以上が、家族や友達などが各区31のチームに分かれ参加。地域の避難場所となっている学校などを巡り、防災クイズに挑戦する「防災ウォークラリー大会」には、子どもからお年寄り、障害者の方も多数参加しています。

こうしたイベントはコミュニティ強化を目的として、いずれも災害時などに住民同士が助け合う関係づくりを意識した活動となっているのも特徴です。イベントや地域の見守りなど、自治会の活動を支援するボランティアチームは10を数え、登録ボランティア数は500人を超えます。

また、住民が自主的に企画し運営している様々なサークル活動は約180にも上り、こうした場が住民同士のつながりを生み、高齢者が集まれるたまり場づくりにもつながっており、自治会なくして大山の暮らしはないのではないかと思うほどです。

大山団地のコミュニティ活動（例）

〔ゆりかごから墓場まで～自治会葬儀〕

対象者：大山自治会の会員

内容：遺体の引き取り手配、死亡届等の手続き、葬儀の相談、

名義変更、遺族年金の手続きなど

〔大山ママさんサポートセンター（MSC）〕

活動開始：1999年12月～

活動内容：一時保育、育児相談、外国人相談、高齢者見守りほか

〔大山自治会のボランティアチーム一覧〕

活動内容	会員数（人）
昼夜間パトロール隊員	40
イベント駐車場（外来者専用）の整備・清掃	25
枝降し作業員	20
防災・防犯連絡員	31
子育て、高齢者支援見守りネットワーク	28
葬儀手伝いボランティア	25
違法看板撤去作業員	5
運動会協力員	140
夏祭り協力員（毎年募集）	90
技能者ボランティア	48
3.11東日本大震災避難者支援	35
登録ボランティア合計	487

※備考　いずれのボランティアも毎年登録、東京消防庁普通救命講習受講修了者80名

大山自治会の収支予算書（平成22年）

〔収入の部〕

科目	金額（円）	摘要
繰越金	6,847,771	
会費	5,520,000	月@400円
補助金	400,000	立川市
公園管理費	500,000	立川市より受託
照明灯維持費	200,000	管理費
雑収入	600,000	
収入計	14,067,771	

〔支出の部〕

科目	金額（円）	摘要
外灯費	500,000	
部会活動費	4,900,000	敬老祝、団体補助含む
業務運営費	5,984,750	事務給与ほか
委託料	500,000	公園清掃・管理
予備費	2,183,021	
支出計	14,067,771	

※予算内訳例
自治会事務所の専従職員の賃金120万円
傷害保険料　30万円　　@210円/年×全世帯
体育部　180万円（運動会、防災ウォークラリー大会など）
文化部　100万円（大山夏祭りなど）

自治会の運営費は会員から集める会費を主として、他に市から受託した公園の清掃管理、地域周辺の民間の駐車場の管理を受託するなどして活動費を確保しています。自治会事務所に常設の相談窓口を設置、そこに有給の専従職員を配置して日々、多岐に渡る住民の相談に乗っています。住民が自治会活動に安心して参加できるように傷害保険にも自治会独自で加入しており、ボランティアには東京消防庁の救命講習修了者も多数います。

中でも驚くのが自治会で全世帯を把握する名簿提出の義務付けです。そもそも自治会・町内会は法律上、加入を強制することができない任意団体です。加入もさることながら、昨今は個人情報の問題もあり家族を含む世帯の名簿提出の義務付けなどと言い出したら住民の反発は必至、下手をすると訴訟になるような案件です。

団地では居住者は常に入れ変わっており、新たな住民には丁寧に説明して理解を得ているとのことですがそれが普通にできるのは、困りごとがあれば、常にスピーディーに対応してくれる自治会の存在が住民の支持と信頼を得ているからです。

旧態依然とした自治会を改革した女性リーダー

しかし、大山自治会で最初からこうした活動が行われていたわけではありません。佐藤良子さんが大山自治会の会長に就任したのは1999年（会長職は15年間、現在は相談役）。就任から数年は様々なクレームや悪質な嫌がらせも数知れず。辞めたいと思ったことも一度や二度ではなかったといいます。

佐藤さんはとにかくアグレシップで、気概とエネルギーに満ち溢れたこれぞ女性リーダーといったオーラを放っている方です。共助コミュニティづくりの西のカリスマが豊重哲郎さんだとすると、東のカリスマは間違いなく、佐藤良子さんです。

旧態依然としていた自治会組織の改革に着手。それまで閉鎖的だった運営方法を根本から見直し、透明性があり、幅広い世代が活動に参加するよう、世代別に役員を選ぶなどの新体制を作り上げました。活動では住民の声に耳を澄まし、住民ニーズに寄り添い、必要とされる自治会となることを目指しました。

佐藤さんは1976年に大山団地に入居。当初は子育てなどに追われ、自治会の活動には一住民として参加するだけでしたが、活動を通じ自治会の実情を見ているうち、次第にもっと違うやり方があるのではないかと疑問を持つようになりました。

1つは自治会主催のイベントは夏祭りと運動会の2つだけ。これでは住民同士が顔見知りになったり、親しくなることはできないと感じました。また役員を選ぶ際、本来であれば制度上、選考委員会で選ばれるはずが、会長の意向で会長の都合のいい役員が決められていました。会計も不透明で当時は何にどれだけお金が使われているのか公開もされていませんでした。

こうしたやり方を変えるには自分で自治会の役員をするしかないと考え、1996年に13棟の建物ごとに選出される区長に立候補。区長の任期は1年だったため、2年目も立候補して、その中で自治会にいろいろ意見や提案をするようになりました。そこで自治会設立から一度も見直しがされていなかった会則の改正に取り組み、徐々に改革を進め、10年をかけて様々な取り組みを行った結果が今の大山自治会の姿です。

当初、「女だてらに生意気なんだよ」とか、「主婦に何ができるのか」などと言われ、都知事宛に怪文書が送られたり、郵便受けに蛇が入っていたこともあったそうですが、それにも負けず、まさにスーパーウーマンです（佐藤さんの奮闘の日々をもっと詳しく知りたい方は、佐藤さんの著書『命を守る東京都立川市の自治会』をご覧頂ください）。

ゆりかごから墓場まで—子育て支援、終活、孤立死対策まで—

大山団地の活動の中で、特に力を入れている活動がキャッチフレーズの「ゆりかごから墓場まで」に象徴される子育て支援から、居住者の3割を超える高齢者に対するサポートです。

高齢者対策では65歳以上の高齢者1073名、うち独居398人、車椅子12人など、地域の高齢者や障害者に対し民生委員やデイサービスセンターなど地域と連携した「見守り体制」を確立。24時間対応の相談窓口も設けています。

介護予防策では健康体操や脳トレーニング、茶話会や料理教室、自然に親しむハイキングなどが楽しめる「創年クラブ」を作ったり、様々な技能を持つ地域の人的資源を活用する人材バンク、高齢者事業団「愛の樹」を設立。要請に応じて人材を派遣し、高齢者の仕事や生きがい作りにもつなげています。

独居の高齢者も多いため、自治会独自で終活を支援する「終焉ノート」を作成。これは佐藤さんが2009年に自転車事故で一時危篤状態になるような大怪我をされた時に、もしかしたら予期しない永遠の別れになっていたかもしれないという体験から思いついて作ったものですが、医療や葬儀、遺言などについて生前に希望を書き残しておくもので、好きな音楽や花まで記すようになっています。

自治会の集会所を利用し、自治会が葬儀実行委員会を務めることで、できるだけ経費をかけない「自治会葬儀」の制度も作りました。24時間対応で、入院先から自宅への遺体の引き取り手配から、死亡届や火葬の申し込み手続き、葬儀に関するあらゆる相談を受け付けています。コストは民間の5分の1程度で、年間に約30件の葬儀を自治会で行っています。

こうした活動と並び、力を入れているのが孤立死対策です。その取り組みは孤立死ゼロを掲げ、向こう3軒両隣の精神で、お隣になる2軒に見守りをしてもらうという手法ですが、特筆すべきはこれを義務化していることです。いずれ自分もお世話になるかもしれないと思って協力してくださっているのかもしれませんが、凄すぎて唸るしかありません。

ただ、その活動は週に何回訪問しましょうとか、声かけしましょうと義務付けるものではなく、昨日から洗濯物が干しっぱなしになっているとか、ポストに新聞がたまっているとか、牛乳が来ているのにそのままになっているなど、日常生活の中で何か異変に気づいたら、連絡してもらうというやり方をしています。

見守りは電力や水道、ガス、新聞配達など、民間企業にも協力してもらっており、大山自治会では2004年以降、孤立死ゼロを続けています。

こうした見守りネットワークによって、早期に異変に気付いた場合、一命を取り留めるケースもあり、認知症の早期発見にもつながっています。

「自治会は地縁社会の入り口。私の目標は大山団地を地縁社会にすること」。これは佐藤さんの著書の中の言葉です。無縁社会から有縁社会へ変えていく、その入り口の一つが地縁というコミュニティです。

事例(4)将来を見据えた、2つの高齢者の見守りシステム

▼杉田東部町内会(神奈川県横浜市)

神奈川県横浜市の臨海部、磯子区にある杉田東部町内会は加入世帯1350世帯。

そのうち65％が戸建住宅の会員、35％がマンションなどの共同住宅の会員です。

この町内会の特色は、自治会・町内会では通常、単年度の事業計画しか持たない中、２０１３年から３ヵ年の中期計画を作って活動をしているところです。

単年でなく複数年単位で活動を考えるようになったきっかけを会長の須田幸雄さんに聞くと、３人に１人が高齢者となる時代が到来する中、当時の地域の高齢者の見守り活動は民生委員や保健推進委員などが縦割りで行っていてまとまりがありませんでした。システムとして高齢者の情報は地域で共有されず、見守り体制は曖昧でした。将来を見据え、組織化された高齢者の見守りシステムが必要だと感じたといいます。

そこで３ヵ年の中期計画を作り、高齢者対策など３つの活動の柱を立てました。実は横浜市などの大都市圏では役員の任期が１年のところが多く、役に慣れた頃に交代するため、新しいことにチャレンジしない、できないという団体が少なくありません。その中でその場限りでない、先を見据えた中期計画を持つことは画期的でした。

中期計画の柱の一つにして、最大の課題である高齢者対策では、まず地域のどこに高齢者がいるのかを把握。高齢者マップを作成し、これを毎年更新していくことにしました。高齢者の状況は常に変化しています。病気やケガで入院する人、施設に入る

杉田東部町内会の概要

〔基本情報〕

設立年：1950年7月

立地：神奈川県横浜市の臨海部、磯子区の南東に位置する

加入世帯数：1,350世帯（戸建：65%、共同住宅：35%）

〔活動の理念や特色〕

その場限りの活動とならないよう、高齢社会を見据えて2013年より3ヵ年の中期計画を作成し、活動を行っている

〔活動の柱〕

1. 高齢者対策
2. 防災対策
3. 将来を見据えた担い手づくり

〔主な活動〕

○高齢者の見守り活動　「ささえあいの会」

○防災活動　防災訓練や防災グッズの配布

○防犯活動　有志による防犯パトロール、こども参加

○町内美化　清掃活動、カラスネット設置

○伝統文化　ふれあい祭り（模擬店、こども神輿）、餅つき

○親睦交流　会員に町内会館を無料開放、地域活動の促進

○人材育成　若年層に選挙の投票所運営などの役に登用

※高齢者の見守り活動立ち上げに際し、住民アンケートを実施

人、子どもの元へ行く人、亡くなる人。新たに高齢者になる人や見守りが必要となる人もいます。一度作って終わりではありません。

高齢者を把握する方法は、町内会が毎年敬老の日に77歳以上の高齢者に祝い金を贈呈する際に行うほか、見守り活動を始める時には全世帯に手紙を出して趣旨を周知し、183名から返信を得ました。そこで独居や病気の人、要援護者など42名の見守り希望があり、中には何かあったらここに連絡をと息子さんの連絡先を教えてくれる人もいました。呼びかけてすぐにこうした反応があるのは、日頃からの地域の人とのつながり、団体への信頼があるからこそでしょう。

新たに立ち上げた杉田東部町内会の高齢者見守りシステム「ささえあいの会」[1]には、町内会の役員、民生委員や健康推進委員、青少年指導員やスポーツ推進委員、友愛活動員、地域で活動する高齢者の親睦会「あづまクラブ」や地域の有志が参加。現在、見守り活動には195名が協力してくれています。

ささえあいの会は2つのシステムからなり、1つは週に一度行われる通常の見守り部隊、もう1つは緊急時の支援部隊です。地域を4ブロックに分割し、担当区域ごとに活動を行います。見守り隊は16名の女性により構成され、一軒ずつ高齢者宅を回り健康状態などを確認。見回り終了後は会に報告し、情報を共有する仕組みです。要支援者[2]などの緊急時支援隊は男性15名により構成、2つのシステムが両輪となって地域を支えるかたちです。

高齢者の見守りシステムは未だ多くの地域が民生委員などのワンオペに頼っているのが実情です。高齢者の見守りシステムの構築で壁となるのが個人情報や地域の合意形成の問題です。行政主導でシステムづくりを推進している地域もありますが、仕組みと補助金がセットの場合、設立に関わる書類や報告書の作成などが負担となり、思うように取り組む地域が増えません。もっと地域の自主性を発揮できる支援が必要です。

中期計画の2つ目の柱は、自分の身は自分で守るという会員の意識改革が必要だとして、防災意識向上対策です。

町内会では毎年、防災訓練を実施していますが、危機感の欠如からなのか参加者が減少していました。第一期の中期計画では全世帯に防災グッズを配布することにしました。これには350万円を超える予算が必要でしたが、まずは防災意識向上のスタートラインに立ってもらうことを目的として用意することにしました。ここには会

1―老人クラブの高齢者の見守り等の活動員
2―平成25年法改正により災害時に高齢者や障害者、乳幼児等、配慮を要する人のうち、災害発生時に避難等で支援を要する「避難行動要支援者名簿」の作成が義務づけられたが、名簿を作って終わり、見守りは地域に丸投げの自治体も少なくない

費を納めてくれる会員に還元したい気持ちと、町内会に入って良かったと思ってもらう魅力にもなればという思いが込められていました。この取り組みは未加入者へのPR対策にも役立ちました。

名入れした非常持ち出し袋の中には、懐中電灯や簡易の水入れ、ケガをした時などに役立つ三角巾や衣類、水や非常食が入っています。これはこうした装備を一から揃えるのは大変だろうから、一度セットにして提供すれば、後は個々に追加や更新ができるという考えがあったからです。現在では、玄関など何時でも持ち出せる場所に置いている人も多いと言います。

中期計画の最後の柱は、地域の美化や防犯などの地域活動を活発化することで後継者を獲得・育成するというものです。様々な活動を通じで会員同士の交流を促し、子育て世代などを取り込むことで地域の一体感も生まれています。

百年の歴史がある祭りなど、地域の文化を知る「ふれあい祭り」では、2基の神輿《みこし》が町内を巡ります。1基は子ども神輿で半纏《はんてん》を着た子どもたちの姿を写真に撮る親御さんの姿があちこちで見られます。祭りでは会費を還元する模擬店も大賑わい。こうした祭りや年末の餅つきには若いお父さん、お母さんも沢山お手伝いに参加してくれます。

週2回行っている防災パトロールには80人もの人が協力。お母さんと一緒に子どもたちも参加してくれます。町内会が所有する会館は会員に無料で提供しており、パソコンやFAX、コピーも無料で利用できるため、会員による様々な活動が生まれ、地域の人と人とのつながりを生むことにもつながっています。

後継者の獲得や育成では、地域と関わるきっかけとして選挙の際の投票所の運営などを若年層にお願いしており、その中から30代で役員を務めてくれる人も出てきました。会員に対しては常に情報発信をするとともにアンテナを立てて会員からの情報を常にキャッチするように努めています。

事例（5）難しいと思っていた町会のIT活用が一気に進んだ理由

▼須賀町町会（東京都新宿区）

東京都新宿区の須賀町町会では、2018年4月に田邊幸三さんが新しい会長が就任して以降、様々な改革に取り組んできました。

田邊さんが会長に就任した当時、町会加入率は3割を切っており、運営上も多くの課題を抱えていました。当初は助けてくれる人もなく、会長自らチラシを作り、暇を見ては地域を回って会員の勧誘活動を行うなど、孤軍奮闘の活動でした。しかし、その姿を見て一人、また一人と協力してくれるメンバーが増えてきました。

改革を進める中では区の補助を得て、地域の人が集まれるバザーや炊き出し訓練を企画。区の町会・自治会活性化アドバイザー派遣事業に手を上げ、会員意向アンケートを実施するなど、新たな試みに次々挑戦。そうした姿勢に会員からは「今までの町会と違う」という声が聞かれるようになり、加入率はこの2年で5割を超えるまでに回復しました。課題だった男性役員も増え、会議ではいつしか活発な意見や新たな提案が次々出るようになり、帰り際メンバーから「随分、雰囲気が変わったでしょう」と笑顔で話しかけられ、町会に活気が出てきたのを肌で感じたものです（須賀町の改革は前著『自治会・町内会お悩み解決実践ブック』で紹介しましたので本書では割愛します）。

そんな須賀町でもなかなか進まなかったのがＩＴの活用です。

須賀町町会の改革の歩み（2018-2020）

みんなのバザー2019（地域のシンボル須賀神社にて開催）

2018年4月	町会の会長に田邊幸三さんが就任、改革へ
2018年7月	会報「須賀町町会たより」を発行
2018年9月	新事業「バザー・炊き出し訓練」実施（区補助）
	新宿区町会・自治会活性化アドバイザー派遣
2018年12月	会員意向アンケート調査を実施
2019年4月	役員間の連絡で、LINEの活用を開始
2019年5月	町会事務所改修のため寄付を募る
2019年7月	新事業「須賀町おもしろセミナー」開催
	新サークル「オヤジの会」発足
2019年9月	改修した町会の事務所開き
2020年2月	メールで町会情報の提供を開始
2020年6月	会員に町会の新パンフと千円の商品券を配布
2020年8月	新たに「須賀町みまもりサロン」を開始（予定）

元々、須賀町には回覧板がなく、会員への情報提供は班長から伝達するか、町内に9ヶ所ある掲示板に頼るのみ。役員間の連絡も電話やＦＡＸを使用。須賀町にとって広報は最大の課題でした。とはいえ役員の多くは他の自治会・町内会同様、70代などの高齢者が中心でＩＴには不慣れ、会員にも高齢の人が多く、ＩＴの活用には消極的でした。

それが改革2年目、町会の活性化会議に参加すると役員間の連絡にソーシャル・ネットワーキング・サービスのＬＩＮＥを活用するようになったと言います。[1] なかなか導入が進まなかったＩＴの活用が進んだ理由は何だったのでしょう。

まずは役員間の連絡にＬＩＮＥを活用！

ＬＩＮＥ活用の発案者は会長の田邊さんでした。従来から町会長へは行政などから大量の案内や文書が届きます。そうした情報は役員会の際に共有していましたが、その中で急を要するものはＦＡＸ、確認が必要なものは電話をしていました。ただ、それでなくても多忙な会長職の中、役員全員に電話やＦＡＸをするのは結構な手間で煩わしさを感じていました。「必要は発明の母」ではありませんが、これがトリガーとなって一気に進んだということでしょうか。

そこで2019年4月、新しい年度になったところで役員間の連絡に複数人でコミュニケーションできるLINEのグループ機能を活用することを提案したのです。

しかし、当初は携帯電話もスマホも持っていない人が一人、携帯電話の人が二人いて、LINEを使いたくないという人も一人いました。そのため携帯電話の人にはショートメールサービス（SMS）を、携帯のない人へは従来通りの方法で連絡することにして、まずは承諾を得たメンバーとの間でLINEの活用をスタートさせました。

当初はLINEの使い方に慣れていない方も多く、返信のあり方にもバラツキがありました。中には家族からLINEなんか止めなさいと言われた人もいたそうですが、不慣れなメンバーには他のメンバーがレクチャーしてあげると、そのうち慣れて問題なく使えるようになり、今では結構楽しんで使っているといいます。

自治会・町内会のIT活用については、活動活性化のセミナーで一言「IT」という言葉を発しただけで、「年寄りにそんなことしろというのか」と怒鳴る人もいるく

1―LINEとは無料で音声やビデオでの通話やメール、複数人が文字で会話できるグループチャットなどの機能を有すコミュニケーション・アプリのこと。スマホやパソコン上で使用できる

らい強いアレルギー反応があり、やる前から「できない」という話になり終わるのが常です。

　須賀町がＩＴの活用に成功した要因の一つは、様々な改革にチャレンジしたことで町会にその素地ができていたことにあると思います。その証拠にＬＩＮＥ導入に際し、メンバーからは特に反対や戸惑いの声はなく、合意はすぐに得られたといいます。

　新しいことにも前向きに、とりあえずやってみようかという空気があるのは大きな要因です。自治会・町内会で何か新しいことにチャレンジしようとする時、とかく声が大きく、反対や批判をする人の意見に押され、物事がまとまらないということがよくあります。こうした場合、全員の合意を目指すのではなく、まずは賛同する人たちで始めて、その成果を見て賛同する人を増やしていく手法を取るのが有効です。

　地域には今、アナログ派とデジタル派の両方の人が混在しています。アナログか、デジタルかの二択ではなく、アナログとデジタルを併用するハイブリッドで両方に納得してもらい、より良好なコミュニケーションを取れる状態を作ることが理想です。

　現在、須賀町の役員数は13名にまで増え、ＬＩＮＥのグループも「個別の連絡・副会長会ＬＩＮＥ」と「役員全員ＬＩＮＥ」の２つに分けて運用しています。ＬＩＮＥ

を活用することで、これまでは月一の役員会で共有していた事がタイムリーに情報共有できます。よりスピーディに意思疎通も図れるようになり、町会にコミットするメンバーの意識にも変化が生まれます。

ＬＩＮＥの利点は画像の共有も簡単なことです。行政からの案内も写真を撮ってそのまま貼り付けられます。実はメンバーの半数以上はメールよりもＬＩＮＥの方が使い慣れていたそうです。ここ数年で携帯電話も使えなくなり、高齢者にもスマホユーザーが増えていきます。そういう意味では、ＬＩＮＥは最も導入しやすいＩＴツールになるかもしれません。

ＬＩＮＥの導入に際し、田邊さんからは留意点として「メンバーのスキルには大きな差があり、全員が活用できるようになるまでには一定の時間が必要です。須賀町では役員会の度にそれぞれの充実度を確認していきました。ＬＩＮＥに抵抗がある人にはその有用性を分かりやすく伝え、まずは連絡を取り合って慣れていけば、活用も進んでいくはず」というアドバイスがありました。

ただ、誰もが田邊さんのようにＬＩＮＥの知識があり、メンバーをまとめられるわけではありません。役員の中にＩＴに詳しい人がいない場合も多く、ＩＴの活用を促進していくには自治体の支援も欠かせません。

須賀町ではこの成功をもとに、ＩＴ化は次のステップへと進んでいます。

―ＩＴ活用は次のステップへ！　―メールで瓦版、電子会議も導入予定―

役員間の連絡にＬＩＮＥを導入することに成功し、改革2年目はもっと若い人の参加を取り込んでいきたいという思いを持っていた田邊さんですが、本格的なＩＴの活用はまだ対応が難しいと考えていました。

町会の改革について話し合う会議では須賀町の広報の弱さが課題として上がっており、参加者からは会員のＬＩＮＥグループを作ってはどうかとか、チラシやポスターにＱＲコードをつけると良いのではないかなどの意見も出ましたが、結論は出ませんでした。議論になったのは、それは自分たちで運用できるかという点でした。

改革が進み、新年度は町会事務所の改修や防犯カメラの設置、地域サークル「オヤジの会」の立ち上げなど、次々新しい事業が立ち上がっていました。区の補助を受けて新たに町会のパンフレットを作成する予定もありました。

こうした町会の活動をいかに発信していくか、田邊さんは広報の重要性を理解していました。情報は会員だけでなく、まだ町会に加入していない人たちにも広く周知し、イベントへの参加者や活動の担い手を増やしていきたい。そのためにはITを活用するしかないと考えていました。そこで最終的に選択したのは、自分たちでも運用できるメールを活用した情報提供でした。

どのような手法にするか、役員会や個別の議論を何度も行い、発行までに約4ヶ月を要しました。具体的には毎月発行している会報誌「町会便り」をテキスト化し、希望する会員に「町会瓦版」として登録してもらったメールアドレスへ配信します。携帯アドレスの人もいるため提供する情報はあくまで文字のみとし、当面URL等はつけないスタイルとしました。

システムの立ち上げは専門的な内容もあり、会員でIT企業に勤務されている方に頼りました。運用についてはITに明るい役員2名が担っており、一人がアドレスの収集と管理、もう一人が編集と配信を担当しています。11月に第一回の配信を行って以降、登録者数も徐々に増加しており現在73名が登録するまでになっています。

募集方法は町会のパンフレットや総会の案内、新年会など人が集まるイベントの際には必ず登録を呼びかけるようにしています。町会瓦版は基本返信不要のメールですが、中には「今回は参加できません」や「ご苦労様」などと返信してくる人もいて、道ですれ違った際に「メール有難う」という言葉も聞かれるようになったそうです。

最近顕著なのは、様々な文書に町会長と総務部長のアドレスを記載していることもあり、町会の入会申込がメールで来ることが増えたことです。コロナの影響もあるかもしれませんが、これこそIT活用の成果ではないでしょうか。

今年は4月に緊急事態宣言が出され、須賀町でも様々な活動が自粛となりました。当初、総会の案内に合わせて完成した町会のパンフレットや募集チラシに加え、マスクや除菌スプレーの配布を検討しましたが実現は難しく、代わりに地元スーパーの千円の商品券を会員に配布して大変好評を得ました。6月の新規会員の勧誘活動でも配布し、新たな会員獲得に役立ちました。

自粛が続いていた活動も徐々に動き出します。6月から月一回の防犯パトロールも参加を役員に限定して再開しました。本来4月からスタートするはずだった高齢者の見守り活動も再始動、8月には町会事務所を月2回程度開放して「須賀町みまもりサロン」を開設。町会役員や町内で何かしらの特技が有る方を講師としてヨーロッパ刺繍やアロマ教室などを開催する予定です。

都や区の助成を受けた防犯カメラ3台の設置が完了し、付属のモニター用のパソコンも届きました。夏には町会事務所に42インチ壁掛けテレビを置き、町会のデジタル化を進め紙を減らして、今後は電子会議の開催も行っていく予定です。

いざという時のための「炊き出し訓練」

あなたの地域デビューを応援
好きなこと、得意なことで、楽しく仲間づくり
その1. 町会サポーター募集
募集要項：須賀町の祭やイベント、広報などのお手伝い頂けるボランティアを募集します
○活動例：会報のデザインやホームページ作成、イベントの写真撮影、祭の運営など
○対象：須賀町在住、在勤、在学の方、須賀町を応援したい人や企業団体の方など
○活動時間：ご都合のつく日にちや時間で構いません
○活動場所：町会事務所やイベント会場、IT活用など
あなたの好きなこと、得意なことで、地域でやってみたいことにチャレンジしてみませんか
お問合せ 申込み
総務部長・OOOO　TEL：XXX-XXXX-XXXX　：xxxx@xxxx.xx.xx

活動への参加を呼び掛ける募集チラシ

事例（6）人口の5％が外国人、70を超える国の人々との共生を目指す

▼外国人との多文化共生のまちづくり（愛知県豊橋市）

法務省[1]によると、２０１９年6月末時点で日本に在留する外国人は約２８３万人で、前年に比べ約10万人増加、過去最高を記録しました。

在留外国人数を都道府県別に見ると、最多は全体の約２割を占める東京都で約58万人、次いで愛知県の約27万人、大阪府約25万人、神奈川県約23万人、埼玉県約19万人と続きます。

一方で留学生や技能実習生などの行方不明事件も多発しており、外国人居住者が集住する地域では言語の壁や文化の違いなどから様々なトラブルも発生。住民からは治安の悪化を懸念する声も聞かれます。

日本の社会秩序を維持する文化や慣習、地域社会との関わりなど、外国人が日本社

会にどう溶け込み、日本社会を構成する一員となっていくのか。国や地域はもちろん、企業や私たち国民も考えていく必要があります。

ここでは人口の約5％を占める外国人住民との多文化共生のまちづくりを進める愛知県豊橋市の取り組みをご紹介します。

人口の約5％が外国人市民、豊橋市の多文化共生

東京都に次いで、全国で2番目に外国人が多い愛知県。その愛知県で3番目に外国人が多い豊橋市では2019年末時点で、1万9152人の外国人住民がいて、豊橋市の人口約38万人の約5％を占めています。

国籍別ではブラジル、フィリピン、中国、韓国・朝鮮が多く、全体の約8割を占めます。他にもペルー、インドネシア、ベトナムなど、数十の国や地域の人々がともに暮らしています。

豊橋市では1990年の入管法改正以降、南米地域諸国出身の外国人市民が急増。2008年には市内に居住する外国人人口は73ヶ国、約2万人、人口の約5％を占め

1 — 法務省入国管理局「令和元年6月末の在留外国人数について（速報値）」

多文化共生の推進

総務省は「地域における多文化共生推進プラン」を策定、多文化共生の事例集ではコミュニケーションや生活支援、多文化共生の地域づくりなど、52の先進事例をまとめている。

〔国の多文化共生施策〕
避難所等における外国人被災者への情報伝達の支援を担う人材「災害時外国人支援情報コーディネーター」の養成、地域における多文化共生施策の推進に向け「多文化共生アドバイザー制度」を創設

出典：総務省「多文化共生事例集」2017年

るまでになりました。

しかし、当時はまだ市は国際交流課で友好姉妹都市等との交流は行っていたものの、外国人住民を対象とした施策や受け入れ体制はできていませんでした。そのため外国人住民が集住する地域では文化や習慣の違い等から様々な問題が表面化。生活者としての外国人をいかに受け入れるか、多くの課題に直面することになりました。

これに対し、市では市制施行百周年を迎える２００６年、平和・交流・共生の都市宣言を行い、２００９年これを具現化する「多文化共生推進

計画」を策定。それを推進する組織として、「多文化共生・国際課」を設置しました。新たに専任する部署が出来たことで、外国人住民に対し、母語の英語、ポルトガル語、タガログ語を用いて行政情報の提供を拡充。外国人相談窓口を設置して、庁内で

豊橋市の多文化共生のまちづくり

〔平和・交流・共生の都市宣言〕
人や地域、世界の国々とのつながりを大切に、すべての人とともに生きる、気概と誇りをもったまちづくりを進める。

〔地域の課題〕
・生活習慣の違いによるトラブル（ゴミ、騒音等）
・文化の違いによる防災意識の低さ
・言語の違いによる情報提供の難しさ
・イベント・防災訓練への参加率の低さ

〔公助〕　多文化共生・国際課の支援
1. 外国人相談窓口（英語、ポルトガル語、タガログ語）
2. 多言語による情報提供（市HP、sns、ほっとメール）
3. 通訳派遣、翻訳対応

〔モデル事業〕
1. 入居説明会
住宅規則等説明、トラブルを未然に防ぐ
2. 防災訓練・AED講習会
防災意識の向上、顔の見える関係、災害時の混乱減
3. 多言語災害時対応マニュアルの作成
4. 外国人住民を自治会役員に登用
外国人住民との協力体制の構築
5. 外国人役員によるイベント開催
他の外国人住民の巻き込み効果大

の手続きや相談を支援する通訳派遣や翻訳対応も行われるようになりました。

また、外国人居住者が多く暮らす学校校区の公営住宅を多文化共生のモデル地区として様々な多文化共生事業を実施。そこでの成功や失敗を他の地区でも共有し、参考にしてもらう取り組みもスタートしました。

外国人とのトラブルを未然に防ぐ、モデル地区での取り組み

モデル地区の一つ、岩田校区は人口約1万6千人。市内で最も外国人住民の比率が高い公営住宅「岩田住宅」があります。世帯数は275世帯、外国人比率は何と48・6%、ブラジルとフィリピン出身の住民が多く暮らしています。

この地区では生活習慣の違いによりゴミの分別や騒音などのトラブルのほか、防災意識の差や自治会活動への参加率の低さなどが課題となっていました。一番の壁は言語の違いによる情報提供や意思疎通の難しさでした。

そこで新しく入居する外国人に対し、入り口部分からサポートを行う入居者説明会を開催することにしました。母語の通訳を介し、住宅の規則等を説明する機会を設け

たほか、情報発信では担当課である多文化共生・国際課だけでなく、通訳や翻訳ができる人材を住宅内で確保し充実を図りました。

また、小学校入学時に外国人の子どもたちが戸惑いやつまずきがなく、早く日本の学校に慣れることができるよう、ひらがなや小学校生活でのルールなどを勉強する「プレスクール」を開催。2018年度は岩田地区を含む、市内3ヶ所で11~3月の5ヶ月間実施され、26名が参加しました。

他にも外国人児童が小学校に転入する際には2ヶ月間、日本語を勉強することができる「虹の架け橋教室」も用意。授業は先生に加えて通訳アシスタントを配置し児童をサポート。指導と成果は報告書として転入先の小学校へフィードバックされ、入学後の指導に役立てています。

国籍による防災意識の違いは災害時の混乱を減らすため、岩田住宅の状況に即した災害対応マニュアルを多言語化し、外国人住民に配布しました。これによりAEDや煙体験など、団地の体験型の防災訓練には多くの外国人住民が参加しています。

市内で2番目に外国人住民が多い「柳原住宅」では外国人住民のイベント参加率が低いことが課題でした。そこで防災訓練とBBQの合同イベントを開催。ブラジルの

防災訓練とBBQの合同イベント
画像提供：豊橋市　多文化共生・国際課

豊橋市のホームページにてPDF版を提供（→）

食文化であるＢＢＱを取り入れることで、子どもからお年寄りまで多くの外国人の参加につながりました。

多国籍化が進んでいる「西部住宅」では通訳・翻訳作業の負担が大きく、外国人住民の自治会への関わりが少ないことから、自治会役員に外国人住民を登用し、外国人住民との協力体制の構築を行っています。

もちろんまだまだ課題もありますが、国籍に関わらず、互いの理解を深める豊橋市の取り組みには学ぶところが多くあります。

外国人住民がいかに日本社会を構成する市民の一員となり、共生して豊かな社会を作っていくか。それは私たち日本社会の側にも委ねられているのではないでしょうか。

事例(7)地域SNSで、リアルとバーチャルを融合した「ご近所付き合い」

▼ソーシャル・プラットフォーム、ピアッザ(東京都中央区他)

2020年新型コロナウィルスの感染拡大による外出自粛生活により私たちの暮らしは大きく変化しました。その中で存在感を増しているのがインターネットです。外出せずにお買い物ができるネット通販はもちろん、Zoom[1]を活用したテレワークや会議、バーチャル飲み会、SNSアプリを活用したテイクアウトや出前のサービス。音楽や映画などのエンターテインメントのサブスク[2]、学校に行けない子どもたちへの教育コンテンツの無償提供やオンライン授業。医療関係者などを支援するクラウドファンドに加え、オンライン診療の緩和や長年不要論のあった印鑑文化の廃止も現実味を帯びてきました、給付金等の手続きも今やオンライン申請が主流です。

1―アメリカのZoomビデオコミュニケーションズ者が提供しているWeb会議サービス。無料版では100人まで参加できる
2―サブスクリプションの略、動画や音楽配信サービスのネットフリックスやアマゾンプライムなど、1ヶ月や1年など、一定期間を定めて定額でサービスが受けられる

そんな中、地域ＳＮＳを通じて、バーチャルとリアルを融合した新たなコミュニティの創出を行っている企業があります。

地域ＳＮＳアプリ「ピアッザ」を開発・運営するＰＩＡＺＺＡ株式会社は２０１５年創業。「人々が支え合える街を創る」をミッションとして、これまで30以上の自治体、鉄道会社やＵＲ都市機構などと提携し、新たな人と人のつながりを創出する事業を全国各地で展開しています。

特徴は地域ＳＮＳだけでなく、子育て支援施設の運営やオフィス街のコミュニティスペースの企画・運営など、バーチャルとリアルを融合した共助コミュニティづくりを行っていることです。

新型コロナウィルスの感染が拡大する中で、ピアッザ内ではご近所同士によるモノの譲り合いや自宅待機に関する情報の交換、日用品の販売状況に関する投稿などが活発に行われています。同社が開発した地域コミュニティの活性度を可視化する指標「Community Value（コミュニティバリュー）」で3月期のデータを前月と比較するとエリアを問わず、軒並み数値が上昇しています。

4月にはアプリ内に新型コロナウィルスに関する情報配信と地域の助け合い支援機

能が新たに追加され、地域で手助けが必要な人と手助けをしてくれる人がより簡単、確実につながれるようにしました。大阪市北区からは急遽、有事を地域の力で乗り越えたいとピアッザ導入の要望を受け、急ぎ包括連携協定を締結しました。

ピアッザの利用状況を2019年東京都中央区勝どきエリアで調査したところ、エリアの30〜40代世帯の4割近くがアプリを利用していることが分かりました。ピアッザを通じて新たに生まれた人と人とのつながりの総数は16万を超え、利用者1人当たりの平均アクセス回数は1日1回以上。地域SNSが日常生活になくてはならない存在になっているのが分かります。

SNSが災害時に有効な情報ツールであることはすでに広く知られていることですが、地域SNSはエリアを限定して地域の人々が情報交換を行う、いわば現代版の電子回覧板であり、新たなご近所付き合いのツールです。

今回、自治会・町内会の紙の回覧板はウィルスの接触感染につながるとの懸念から、自治体の中には当面の取りやめを決めたところもありますが、電子版であればその心配もありません。

しかも紙の回覧板と違い、こちらは24時間いつでもアクセスが可能で、1対1だけでなく、一度に多くの人とコミュニケーションすることもできます。何より参加する人が受け身でなく、自ら意思を持って能動的に発信や交流を行っています。

コミュニティは自律性を有す参加者を多数獲得することで活性化し、より一層インタラクティブ[3]になっていきます。

残念ながら現状、地域コミュニティを支える共助の要、自治会・町内会の多くはITを活用できていません。活動の担い手の大半が70代以上ということもあり、情報のやりとりは未だ対面や電話等に頼っており、それが若い世代の加入や参加を阻害する要因の一つにもなっています。

2018年の個人のインターネット利用率[4]はすでに8割、SNSの利用率も6割に達しています。高齢者のインターネットの活用率[5]は60代では7割を超えていますが、70代では5割に届かず、80代以上は2割に留まります。

一方、小学生のインターネット利用率[6]は85％を超え、すでにITは電気や水道に匹敵する社会インフラとなっています。2017年スマートフォンの普及率は固定電話を上回りました。SNSの一つ、LINEの普及率も75％に達しています。

3―「インタラクティブ」とは、双方向や相互作用、対話などの意味を持つ
4―令和元年版情報通信白書（総務省）
5―「令和元年版高齢社会白書」（内閣府）
6―「平成30年度青少年のインターネット利用環境実態調査」（内閣府）、「令和元年 デジタル時代の新たなIT政策大綱」（IT総合戦略本部）

地域SNS「PIAZZA（ピアッザ）」の概要

地域コミュニティの活性度を可視化する指標「Community value」
https://www.lp.piazza-life.com/

地域SNSを通じ、同じエリアに生きる人々が出会い、情報交換することで現代版の「ご近所付き合い」を創出。バーチャル空間だけでなく、リアルな出会いや活動の場を融合した新しい時代のコミュニティを生んでいる。また、データからコミュニティの活性度を見える化。

人々が支え合える街を創る「PIAZZA」
設立：2015年5月（代表取締役　矢野晃平）
事業内容：地域SNSアプリ「ピアッザ」の開発、運営
　　　　　子育て支援施設「グロースリンクかちどき」
　　　　　日本橋のコミュニティ施設「Flatto」の協働運営
※自治体やUR都市機構、鉄道会社などと連携した取り組み多数

画像提供は全て、PIAZZA株式会社

地域SNSでの情報交換

地域に密着した情報を
安心・気軽に交換できるSNS
ご近所でおさがりの
ゆずりあい
おもちゃや
家具、家電も！
ネットには
載っていない
街のイベント情報が
手に入る！
子連れで行ける
お店のクチコミ！
近所の習い事
情報もわかる！

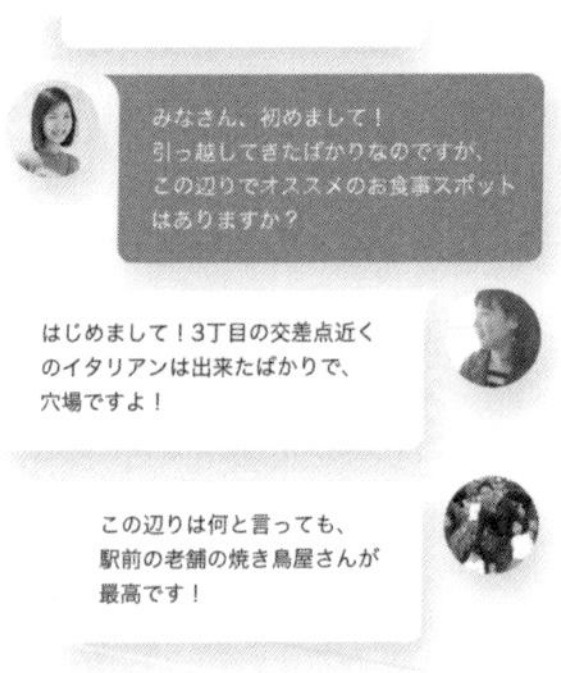
みなさん、初めまして！
引っ越してきたばかりなのですが、
この辺りでオススメのお食事スポット
はありますか？
はじめまして！3丁目の交差点近く
のイタリアンは出来たばかりで、
穴場ですよ！
この辺りは何と言っても、
駅前の老舗の焼き鳥屋さんが
最高です！

〔東京都中央区勝どきエリアのつながり調査〕 2019年12月集計

〔調査結果〕
○エリアの特徴：30～40代世帯の37%が利用
○エリアの総利用者数：5,178人
○人と人のつながりの数は総計16万以上
○利用者1人当たりのアクセス平均回数は、1日に1回以上
○「教えて」への投稿に、他の住民からの返答率は88%以上
○非公開コミュニケーション総数は月間1千400件超

（注）「勝どきエリア」とは、勝どき・月島・築地・晴海エリアを指す。
「人と人とのつながりの数」は、利用者同士で行われたインタラクション（譲り合いや質問への回答など）によって、新しく生まれたつながりをカウントしたもの。

データ出典：2019年12月23日 PIAZZA プレスリリース

新型コロナウィルスの感染拡大を受けてリリースされた

地域の助け合い支援機能
「災害時の地域助け合いグループ」

手助けが必要な人と手助けしたい人を繋ぐための新機能

〔コロナウィルス感染拡大を受け活発化している内容〕
○ご近所同士による物の譲り合い
○自宅待機に関する情報の交換
○日用品の販売状況に関する投稿

〔2020年3月のコミュニティの活性度〕　※前月比

勝どき・月島・築地・晴海	＋0.7％
豊洲・東雲・有明	＋6.1％
武蔵小杉・新丸子・元住吉	＋7.4％
流山・柏の葉	＋4.4％
八千代	＋7.2％
麻布・六本木	＋12.0％

データ構成要素：アクティブユーザー数、ユーザー間のユニークなつながりの数、当月のユーザー活動（投稿、コメント、いいねなど）

データ出典：PIAZZA「Community Value」2020年3月末

自治会・町内会のセミナーでＩＴ活用の話をすると、すぐに高齢者には無理だという反発の声が出ます。しかし、進化論ではありませんが、「高齢者だからできない」ではなく、「高齢者でもできる」時代に変えていかなくては、自治会・町内会はいずれ衰退から消滅へ向かうのではないかと懸念します。

みんなが集まれる広場づくりを目指した若き起業家

ＰＩＡＺＺＡ株式会社を創業した矢野晃平さんは29歳の時、困った時に同じマンションの住人に助けてもらったことで、地域や人とのつながりの大切さを再認識したといいます。

ピアッザはイタリア語で広場のこと、目指したのは広場のようにみんなが集まれる場所です。こだわったのは地域ＳＮＳというデジタルのプラットフォームにとどまらず、アプリを経由してリアルなコミュニティを生み出すことでした。

そこでアプリの開発や運営と並行して、地域の子育て支援施設の運営等、リアルに地域の人とつながり、交流を促進するスペースづくりに力を入れてきました。

ピアッザのユーザーの8割は30～40代のファミリー層、その7割を女性が占めます。アプリを展開する地域は人口流入が高く、ブランド力のある東京都の中央区や港区、武蔵小杉を有する神奈川県川崎市中原区など、現在そのエリアは30に上ります。

事業は地方自治体との連携協定等を基盤として地域住民にアプローチするほか、UR都市機構の団地、鉄道会社の沿線、生協など連携したプロジェクト、文化庁の事業などとのパートナーシップでバーチャルとリアルが融合した新たなコミュニティの創出に取り組んでいます。

いずれの事業でもコミュニティ活性化のカギを握るのは、ピアッザがこだわる「実際に顔を合わせる機会」を生み出すこと。そして、それを誘発する「コミュニティデザイナー」の存在です。

地域SNS上では気軽に困りごと相談や不用品のやりとり、イベントの告知等ができます。ただし、それだけでは他にもある便利なアプリの域を出ません。コミュニティの形成や活性は自然発生的に起こるものではなく、共通の目的や興味・関心など、人と人をつなぐ媒介や触媒が不可欠です。

ピアッザのコミュニティデザイナーは、新たに登録したメンバーのフォロー、リアルに人とつながるイベントの企画や告知、開催などにきめ細かく対応。登録したもののなかなか参加できず離脱していく人が出ないよう、コミュニティ活発化のサポートします。

コミュニティデザイナーはそれぞれのエリアの登録メンバーから募集し、日々の発信や活動内容などを見て適任者を選んでいます。コミュニティデザイナーの中には30～40代の子育て中のママたちだけでなく、リタイアした男性シニアの方なども活躍しています。優れたコミュニティデザイナーがいるエリアでは、コミュニティ活動がより活発になるそうです。

オフィス街で始まった新たなコミュニティづくり

2019年4月には新たな試みとして、三井不動産株式会社と連携し、オフィス街で働く人を中心としたコミュニティの形成を促進する協働プロジェクト「日本橋コミュニティ・エコシステム」がスタートしました。

事業は日本橋のオフィス街にリアルなつながりを促進させるコミュニティスペース「Flatto（フラット）」を開設し、そこに地域SNSアプリを介在させることで、

日本橋のコミュニティスペース「Flatto」

Flattoで開催された
交流イベントの例

コミュニケーションスペース＆キッチン

人々が気軽に参加できる街のオンラインネットワークを構築するものです。

日本橋の中心に位置するコミュニティスペースは明るく開放的で、洗練された空間です。中にはアクティビティが可能なスタジオやキッチンなど、多目的スペースを備えます。

運営はＰＩＡＺＺＡが担い、出会いや交流のきっかけとなるイベントも開催しています。日本橋で働くオフィスワーカーをはじめとして、アプリでつながった日本橋の人たちが様々なサークル活動や運動イベントなどで出会い、つながるプラットフォームとなっています。

コロナ禍では緊急事態宣言を受けて苦境に立つ日本橋の飲食店を支援するため、デリバリーや出前、通販ＯＫのお店を応援するキャンペーンが行われています。

国が地方創生戦略の重点項目の一つに掲げるデジタル活用共生社会[7]「society5.0」。今後、この流れは一気に加速し、バーチャルとリアルを融合したソーシャル・プラットホームの重要性もさらに増していくでしょう。

7―ＩｏＴ（Internet of Things）、ロボット、人工知能（ＡＩ）、ビッグデータ等の新たな技術をあらゆる産業や社会生活に取り入れてイノベーションを創出し、一人一人のニーズに合わせる形で社会的課題を解決する新たな社会

第6章

共助コミュニティ活性化、自治体の役割と施策

現在、国が推進する地方創生ＳＤＧｓ（Sustainable Development Goals 持続可能な開発目標）。自治体においても環境・経済・社会的価値の観点から持続可能な地域づくりへの取り組みが始まっています。[1] ２０１９年のヒット商品番付にも入ったＳＤＧｓは、これをビジネスチャンスと捉える企業の積極的参加、これまで地方自治体が推進してきた公民連携や地域協働などと相まって地域開発のトレンドになりつつあります。

ただ、公の財源や人員が不足する中、行政の負担を減らす方途となっているものも少なくありません。

近年、自治会・町内会が「行政の下請け」のように揶揄《やゆ》され、実際にその負担が活動を圧迫し、役員のなり手不足や未加入、退会要因の一つになっていますが、自治体の中でそのあり様や関係を見直す動きはほとんど見られません。

協働も名ばかり、ＮＰＯなどの地域活動団体の多くはカウンターパートではなく、自治体のいい下請け団体となっているか、逆に行政へ依存する体質を脱却できない既得権益の温床のようになっている例も見受けられます。

地域では増加する大規模災害や高齢社会の進展など、多くの課題を抱えています。

防災計画や地域包括ケアシステムなどで「公助、共助、自助のバランス」を謳いながら、公がどの部分を負い、共助の役割がどこにあり、どのようなシステムが必要なのかなどの具体的な線引きがないまま、多くは地域が「連携して行う」などの曖昧な言葉に収れんされて終わっています。

SDGsの17の開発目標の中にある「貧困をなくす」や「すべての人に健康と福祉を」、「人や国の不平等をなくす」などはどれも基本的人権として当たり前に保障されるべきものですが、その当たり前が昭和から平成、令和へと時代を経て、今や当たり前ではなくなってきています。

豊かだった昭和はすでに30年以上も前のこと。私たちが真に「持続可能なまちづくり」を望むのであれば、社会全体でこれに取り組む新たなパートナーシップは必須であり、そのために公は何をすべきかを考えていかなくてはなりません。

(1)公助力を最大化し、共助を活性化する持続可能なまちづくり

新たなパートナーシップの実現において大切なことは、まずどんな社会システムが

1—SMBCコンサルティング「ヒット商品番付2019」

理想か明確なビジョンを持ち、公の役割、共助の役割の線引きをし、公助と共助はどのように連携をしていくべきか具体的な行動計画や施策に落とし込んでいくことにあります。

自治会・町内会に関していえば、コロナ禍では回覧板は回せなくなり、総会も会合もイベントもNG、運営方法や活動のあり方にも変革が求められています。

現在、自治体からは回覧や調査など、その役割に応じ委託料などが自治会・町内会に対して支払われていますが、今後デジタル化が加速化すれば、こうした役割を自治会・町内会が担う時代も終わりを迎える時が来るでしょう。

残念ながら自治会・町内会の多くは今、こうした委託業務が活動の主となり、本来なすべき共助コミュニティの役割を果たせていない、本末転倒の状態にあります。そのため会長や役員ですら、「自治会・町内会は何のためにあるのか」と疑問を抱きながら活動していることも珍しくありません。

一方、自治体においては任意団体である自治会・町内会に対し指導監督権限があるわけではなく、日々様々な役割をお願いしている手前、そのあり方に疑問や不信を抱いても改善や変革を求めるなど、自治会・町内会に対して強く迫ることができません。

それゆえ、衰退する自治会・町内会の活動を目の前にしながらも抜本的な見直しができない窮屈で硬直した関係に陥っています。これは健全ではありません。

協働とは本来、互いが対等なパートナーとして共に協力して活動することを意味します。

社会が様々な変容に迫られている今こそ、今後の自治会・町内会がどのような役割を担うべきか、地域で話し合い、明確な指針を持って真になすべき公の役割、支援とは何かを考えていく必要があります。

また、共助コミュニティを活性化していこうとするなら、その受け皿は自治会・町内会に限らず、実質的にその役割を担っている、あるいはその能力を有した共助コミュニティに対し支援を行い、連携をしていく、抜本的なパートナーシップの見直しも検討すべきでしょう。

東京都の自治会・町内会の加入率は5割程度、23区では3割台のところもあり、共助コミュニティを有していない住民が多数を占めます。自治会・町内会がこの人たちを掬い取れるならそれが一番ですが、そうでないのならその受け皿や今のあり方を見直すことこそが公の役割であり、それこそが公助を最大化し、共助コミュニティを活性化することにつながります。

本章ではその教科書となる先進的な取り組みから、今後あるべき自治体の役割と施策を考えます。

(2)トップランナーに学ぶ! 共助支援の自治体の役割と施策

最初の事例は、第2章の熊本地震における熊本市の災害対応について、熊本市がその危機をどう乗り切り、そこで何を学び、現在どのような取り組みを行っているかを見ていきましょう。

事例①熊本地震対応の失敗に学んだ「共助の強さは公の意欲の写し鏡」(熊本市)

発災当時、市の災害対策本部はもちろん、避難所も支援物資の現場も大変な混乱の中にありました。混乱を正常化できたポイントを現場で指揮を執られた井上学さんにお聞きすると2つの理由を上げられました。

その1つは、被災経験を持つ宮城県仙台市の存在だったといいます。熊本地震の際、熊本市にも多くの自治体から応援職員が駆けつけてくれましたが、被災経験がある自治体でかつ応援職員自身が実際にその体験を持つ自治体というのは仙台市の職員だけでした。

被災地では時々刻々と状況が変化します。週ごとにフェーズが変わり、それに応じて対応すべき内容も変化していきます。仙台市からの応援が入る前、職員は目の前のことに追われ、自分たちはどこに向かっているのか、今やっていることが正しいのかすら判断できませんでした。とにかく無我夢中で目の前の仕事をするだけで終わりが見えない、先が見通せない状態が続いていたのです。

そこに仙台市の応援職員が入ってきて先進的な被災地のマネジメント支援が展開されると「この先はこういうことが起きます」、「次はこういうフェーズに入っていきます」など、先読みして明確な指示が出されます。疑心暗鬼ながらもやってみるとその通りのことが起きる、それではじめて先に光明が見えるようになったといいます。

実はこの経験は2018年の西日本豪雨の際、熊本市が被災自治体に応援職員を送った際に大いに生かされました。仙台市に教えてもらったノウハウを生かし、今度は熊本市が効果的な支援を被災地で行うことができました。また、被災地支援の応援職員を募ったところ即座に20名を超える職員が集まったといいます。熊本地震は大変な災害でしたが市職員の意識は大きく変わりました。

2つ目の理由はトップのリーダーシップ、熊本市でいえば市長、大西一史さんの存在だといいます。熊本地震では発災間もない時に悪質なデマや不確かな情報が流れ、それに市民が振り回されたり、災害対応の現場では職員が疲弊し士気も落ちていました。その時、市長が自らツイッターを駆使して情報を発信し、混乱する市民に正しい情報を提供するとともに市民から情報を募るなどしました。

たとえば、地震で多くの水道管路が破損して全市で断水、復旧にはかなりの時間がかかるという時に、市長が「道路や橋に水が噴き出したり、染み出した箇所を見つけたら写真を撮って住所をリプ（リプライ／返信）してください」とつぶやくと市民から多くの情報が寄せられ、破損個所の把握が早期にでき、予定より早く断水を解消することができました。

また、支援物資の荷ほどきの人員が足りないと知るとボランティアを募集。するとあっという間に100人もの市民ボランティアが集まり、通常深夜12時までかかる作業が夜の9時には終わりました。井上さんがスピーカーフォンで市長に電話をつなぐと市民ボランティアからは大西コールが起きたといいます。その声は周囲にいた職員や警察、自衛隊など、応援に駆けつけてくれた人たちの耳にも届いていました。

市民や職員が迷っている時にトップが進むべき方向性を示して明確な指示を出し、いざという時はその責任を取ってくれる。そのリーダーシップがなければ、もっと混乱は長引き、大きくなっていたと井上さんは言います。

実はこの日、井上さん自身も心身疲れきって下を向いている職員の方に対し、それまでの自らの判断に間違いがあったことを詫び、みんなの肩にかかっている、もう一度力を貸してほしいと訴えたそうです。その目には涙も浮かんでいて、その姿を見た職員がそこでもう一度頑張ろうという現場の一体感が生まれたといいます。

避難所運営の見直しと、公的支援のあるべき姿

震災から1年後となる2017年4月、熊本市では自主自立のまちづくりにより地域力を高めることを目的に市内17ヶ所に「まちづくりセンター」を設置、そこに49名

の地域担当職員を配置しました。役割は地域の情報収集、行政情報の発信、地域コミュニティ活動の支援、地域の相談窓口です。

地域住民からはまちづくりセンターに対し様々なニーズが寄せられます。その数はこれまで約1900件にもなります。相談の内容は空き家や景観保護、文化の継承や人材不足、健康増進から商店街活性化など様々です。

すでにその約85％に対応、100％に着手しています。また、その手法は一方的に住民の要望を聞くのではなく、対話により解決を図るというものです。

協働のまちづくりの成否は、いかに地域住民を巻き込んでいけるかにかかっています。大切なことは自分事にすることです。共助も日頃から住民同士のつながりがあってこそ、いざという時に力を発揮します。

まちづくりセンターでは市内全96校区に「校区防災連絡会」を設置する取り組みも行っています。これは熊本地震で課題となった地域の連携不足を解消するもので、市内197全ての指定避難所に「避難所運営委員会」を設置。校区ごとに平時から地域の顔の見える関係を作っていこうとするものです。

避難所運営の見直し

〔**避難所について**〕
1. 連携不足の解消　　同一校区ごとに「校区防災連絡会」を設立
2. 運営主体の明確化　避難所ごとに発災前から「避難所運営委員会」を設置
3. 避難所担当職員（市職員）を固定化
4. 平時から災害に備え、地域や各種団体と顔の見える関係を構築

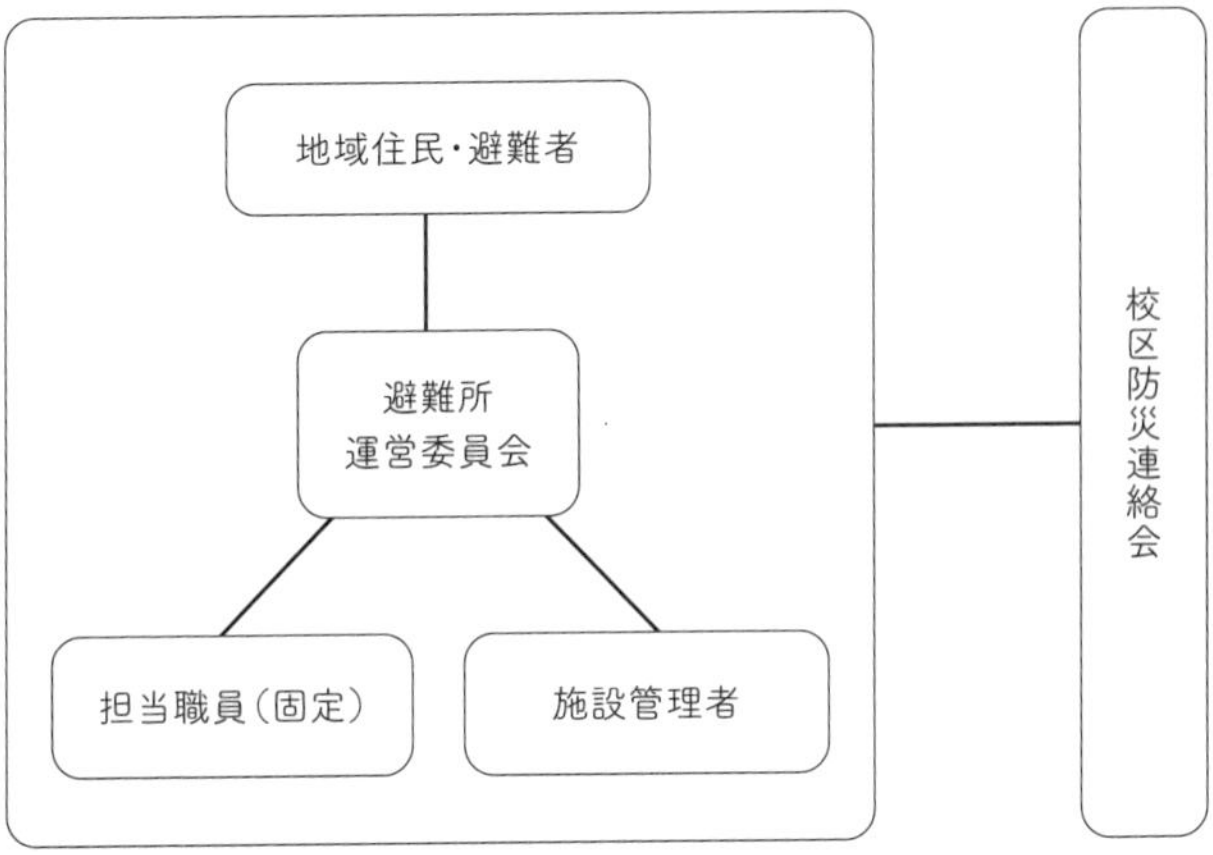

【平時の役割】
避難所開設・運営訓練、マニュアル作成、情報収集訓練・伝達訓練

【災害時の対応】
未指定避難所（在宅避難者、公園・広場、地域公民館、車中泊など）の情報収集・物資配分

【公的支援】
※市内17ヶ所にまちづくりセンターを設置（担当職員49名配置）

避難所運営委員会は地域の住民、施設管理者、担当職員によって構成されます。発災前からこうした体制を取ることでいざ災害が発生した場合も避難所の運営主体も明確です。

避難所担当職員は各3名を配置、うち2名はその地域に在住する職員を充て、何かあった時には一番に駆けつけられるようにしました。配置する職員を固定化して日頃から地域住民の方と顔の見える関係を作り、連携不足に陥らないようにしています。各校区防災連絡会では地域防災力の向上を図るため、防災士の養成にも力を入れており、資格取得者は900名を超えています。

熊本地震で課題となった地域防災計画についても「業務継続計画（BCP）」や「受援計画」、「物資供給計画」などで大幅な見直しが行われました。

熊本地震後、熊本市では5つのモデル地区で大規模な災害対応訓練が開催され、市民や市職員1万3千人が参加しました。

訓練の内容は、①市民・企業・行政の協働での避難所開設、②初となる「福祉こども避難所」開設訓練、③JR九州との合同避難訓練、④安否確認、情報収集伝達にLINEを活用するなど、新たな取り組みも見られます。

こうした訓練は2017年には市内全96の小学校区で実施。翌年1月には本番さながらの職員安否確認・参集訓練も行われました。

熊本地震の情報ツールとして有効だったLINEと「情報活用に関する連携協定」を、井戸を所有する民間企業団体90社と「防災井戸活用に関する協定」を締結するなど、災害時の官民連携体制の強化も図っています。

地域防災体制の見直し

〔**大規模災害対応訓練**〕**2017年～**
○市民・企業・行政の協働での避難所開設
○初の「福祉こども避難所」開設訓練開催
○JR九州との合同避難訓練
○安否確認、情報収集伝達にLINEを活用

※2018年には、本番さながらの職員安否確認・参集訓練も行われた

〔**地域防災のリーダー育成**〕
各校区防災連絡会で防災リーダーとなる人材を養成
防災士資格取得者を増やす（目標2020年3月までに934人）

〔**市の防災計画等**〕
○業務継続計画（BCP）策定を条例で義務付け
○受援計画を策定
災害時に継続業務と中止業務を振り分け
災害時対応業務を段階的に振り分け、不足を支援要請
災害対応人員管理支援システムの導入
○物資供給計画の改定
市の備蓄を20万人×2日分＝40万食に増やす
家庭・企業内備蓄は、3日以上から1週間以上を推奨

復興を遂げる熊本市中心部に新たなランドマークが誕生

2019年9月には市の中心部に複合施設「サクラマチクマモト」が開業。中にはバスセンターや商業施設、ホテル、熊本城ホールなど149のテナント、共同住宅や保育所が入る。近くには熊本城、市の本庁舎がある。

街は元の姿を取り戻し、災害の爪痕を感じ取ることはできません。庁舎14階の展望ロビーから一望する熊本城も日々、復旧へ向かって工事が進んでいる。

市民の防災意識にも変化が出ています。熊本市民5千人を対象としたアンケート調査で、震災前には水や食料を備蓄していた自助の割合は約3割でしたが、地震後にはその割合が8割にまでアップしました。

井上さんは、「共助コミュニティ力の強さは、公の意識の写し鏡です。自治体の意識が高ければ、共助コミュニティ力も強くなるし、自治体の意識が低ければ、共助コミュニティ力も弱くなる。公だけが頑張っても駄目ですが、まずは職員自身が意識を変える必要がある」と言います。

熊本地震の後、自分たちの失敗に学んでほしいと、「熊本地震の行政対応～失敗から学んだこと～」と題し、全国の自治体などで熊本地震の教訓を伝える講演を行っておられる井上さん。講演資料の最後にはこんな言葉があります。

「災害は起こるものだと思え！　職員の慢心注意（市民も）。経験や失敗をしなければ分からないことばかりだからと言って、災害が起こるまで待つのか？　近道は無い！　日頃の積み重ねが大事！　最後に頼るのは個々の能力、対応力！　でもこれも日頃からの積み重ねがあるからこそ」

この熊本の教訓をぜひ、皆さんのまちにも生かしましょう。

事例②住民同士の支え合いコミュニティ「お互いさまのまちづくり」（豊橋市）

第5章で豊橋市が取り組む、多文化共生のまちづくりを紹介しましたが、豊橋市は高齢者福祉の分野でも先進的な施策を展開しています。

改めて豊橋市は愛知県の南東部に位置、南に太平洋、西は三河湾に面する人口約38万人の中核市です。豊橋市では高齢者が住み慣れた地域でいきいき暮らし続けられる地域づくり「お互いさまのまちづくり」に取り組んでいます。

背景には地域で急速に進む高齢化があります。日本の人口に占める65歳以上の人口は３千５百万人を超えており、総人口に占める割合は28％を超えています。国は団塊の世代が75歳以上となる２０２５年を目途に、高齢者の医療や介護、住まいや生活支援、介護予防を包括的に提供する[1]「地域包括ケアシステム」の構築を目指しています。

しかし、今後より一層、高齢者の増加が見込まれる中、介護予防や生活支援サービス、生きがいづくり等の充実を図るには公の力だけでは限界があり、地域住民同士の支え合いが不可欠となります。

豊橋市では現在、５世帯に１世帯が高齢者世帯となっています。「お互いさまのまちづくり」は以前より市や社会福祉協議会などの関係団体が個々に行っていましたが、２０１６年、関係団体で構成する「豊橋市お互いさまのまちづくり協議会」を設立。それぞれが連携し、認識の共有を図り、互いの強みを生かして地域一丸でこれを推進する体制に変えました。

協議会では支え合い活動の拡大に向けた４ヶ年のアクションプランを策定。２０２０年度までに気軽に集まれる「まちの居場所」活動や地域の互助で生活支援を行う「助け合い活動」などを行う支え合い活動団体を50団体創出するとしています。

すでに２０１９年までの２年間で31団体が新たに誕生し、現在、市内で支え合い活

愛知県豊橋市「お互いさまのまちづくり」とは

〔目的〕
高齢者が住み慣れた地域でいきいきと暮らしていけるよう、気軽に集える「まちの居場所」や、買い物や草取りなどの生活支援等の互助による「助け合い活動」の創出に向けた取り組みを推進する

〔アクションプラン〕
目標:2017～2020年度に支え合い活動50団体創出する
4つの柱:
①認知度向上、②担い手創出、③立ち上げ応援、④活動安定化
それぞれのプランが連鎖することで、好循環を作っていく

〔推進組織〕豊橋市お互いさまのまちづくり協議会　関係団体等で構成
〔活動団体〕お互いさまのまちづくりネットワーク加入　31団体
〔支え合い活動箇所数〕130団体(箇所)

出典:豊橋市長寿福祉課 https://www.city.toyohashi.lg.jp/32706.htm

1　厚労省が推進する2025年までに高齢者が住み慣れた地域で自分らしい暮らしを人生の最期まで続けることができるようにする地域の包括的支援・サービス提供体制のこと

動する団体は130団体[2]（箇所）となっています。
その先駆けとなった取り組みを一つ紹介しましょう。

三本木お互いさまの会（三本木町自治会）

豊橋市の三本木町自治会は、2009年「三本木お互いさまの会」を立ち上げました。きっかけは当時自治会の役員を務めていた清水紀彦さんが、新聞で同じ愛知県内の知多市で行われている支え合い活動の記事を見たことでした。町内で困っている人を目にすると何か手を差し伸べてあげられないかと考えていた時で、これなら自分たちもできるのではないかと、自治会に提案しました。

提案を受けた三本木町自治会がまず行ったことは会員に活動の趣旨を説明し、こうした活動が実際に必要とされているのか、必要とするならどんなことを手伝ってほしいのか、また、実際に伝ってくれる人はどのくらいいるのかを会員に聞くアンケート調査でした。

アンケートを実施するに当たっては、発起人や提案に賛同する有志が20名ほど集まって活動案など内容を検討。アンケートは自治会に加入する全1200世帯に配布しました。すると78％の会員から回答が寄せられ、「地域の中で助け合う仕組みが必要」とする回答が61％を占め、協力会員にも80名が名乗りを上げてくれました。

元々、自治会への加入率が85％と高い地域ですが、この数字の高さは驚きです。これだけ高い支持が得られたのはそれだけ潜在的なニーズが高く、みんなが求めていた活動だったということでしょうか。

どんなことを手伝ってほしいかを聞いた設問では、1位に「枝切りや草取り」、次いで「簡単な大工仕事」、「買い物」、「話し相手」、「家具の移動」。手伝える事では、1位に「ゴミ出し」、次いで「買い物」、「話し相手」、「枝切り、草取り」、「電球の交換」となりました。

このアンケート結果をもとに自治会内に11名からなる活動準備会を設置。提案から約1年をかけ「三本木お互いさまの会」を立ち上げました。団体の立ち上げに際しては市から市民協働推進補助金約30万円、自治会からの助成金10万円、町内で一口100円の寄付を集めました。

助け合いの活動は月替わりでコーディネーターを配置。コーディネーターには会専

2―「お互いさまのまちづくりアニュアルレポート2019年次事業報告書」

用の携帯を持たせ、依頼者から手伝ってほしい内容や人数、日時などを聞き取ります。依頼内容を電話で確認することが難しい場合は、希望者宅に出向き、依頼者の要望に沿えるよう細かく打ち合わせをしてマッチする協力会員を手配しています。

協力員は一人ひとり得意とすることやお手伝いできる内容も異なります。草取りや買い物なら手伝える、話し相手ならできるなど、無理のない範囲で協力してもらっています。手伝いを希望する人には協力員一人当たり30分100円の費用を負担しても

三本木お互いさまの会（三本木町自治会）

〔基本情報〕
会の立ち上げ：2009年4月
（準備期間約1年）
助け合い活動の対象者：自治会の会員
協力会員：117名（女性69名、男性48名）
コーディネーター：5名

〔活動地域〕
三本木町自治会エリア人口：3,970人
自治会加入世帯：1,200世帯
（加入率約85%）

〔活動内容〕
1. 助け合い活動（費用：30分100円／人）
2. まちの居場所（月1回）
里山ハイキング、小物作り、言葉あそび、カラオケ同好会
3. 公園の清掃活動（4箇所、月に1～3回）
4. 資源回収（年5回）
5. 歌声喫茶（年3回）

〔独自の活動資金〕
会として、資源回収と4つの公園の清掃管理で年間50～60万円の独自収入を得て運営や活動を行っている。

〔コーディネーターの役割〕
手伝いを希望する人から、希望の内容、人数、日時などを聞き取り、対応する協力員をマッチングする。

らいますが、こちらは協力員本人に渡されます。無料だとむしろ依頼者に気を遣わせてしまうため、こうした費用を設定しています。

会の運営資金には、資源回収と地域の公園の清掃によって得る年間50～60万円の収入を充てています。会は自治会の中に設置され、活動は自治会員を対象としていますが、運営に自治会のお金を使わず、独自資金で賄っています。

現在、三本木お互いさまの会を利用する人は117名。活動は助け合いだけでなく、月1回の「まちの居場所」では里山ハイキングや小物づくり、短歌やカラオケ同好会などの交流を通じて、地域の人との顔の見える関係づくりも行われています。

活動が成功した理由を会長の村川博美さんに聞くと、一番はやはり会の立ち上げの時に会員の意向やニーズを聞いたことだと言います。現在、コーディネーターを務める方たちは会の発起人や立ち上げの中心メンバーです。こうした人たちが参加してアンケートできちんと会員の声を聞き、それをもとに仕組みや活動内容を決めたことが大きかったと振り返ります。

一方、今後の課題を聞くとメンバーの高齢化という答えが返ってきました。会の立ち上げ当時の協力会員の平均年齢は女性53・6歳、男性67歳でしたが、現在は女性

67・4歳、男性76・2歳に上昇しています。定年が70歳に伸び、働くシニアも増える中、なかなか新しいメンバーが入ってきません。活動に参加している協力会員は「いずれ自分も通る道で、できることがあったら手伝いたい」とこの活動の意義ややりがいを口にします。

今後はこうした声を下の世代にも伝え、新たな参加を呼び込んでいくことも必要かもしれません。

こうした先進例を見て、他の地域からも自分たちもこうした居場所を創りたいという希望や相談が増えています。

豊橋市の「お互いさまのまちづくり」支援

豊橋市の「お互いさまのまちづくり」は、関係団体等で構成する協議会を推進組織として、市が様々な側面的な支援を行うかたちです。

たとえば、こうした活動を広げていくため、活動団体の登録制度「お互いさまのまちづくりネットワーク」を創設。登録すると活動の中での事故を補償する保険、イベ

豊橋市が発行する情報紙『アクティ』

出典：豊橋市
https://www.city.toyohashi.lg.jp/32970.htm

〔助け合い活動の内容〕
洗濯、掃除、布団干し、草刈り・枝切り、電球の交換、買い物、食事の準備、ゴミ出し、通院や散歩の付き添い、代筆、話し相手、見守り、声掛け、簡単な大工仕事、家具移動、力仕事、犬の散歩、留守中の水やりやペットの世話、包丁等の刃物研ぎ

豊橋市ではアクティブシニア情報紙「アクティ」（年3回発行）で、地域で活動する様々な団体を紹介。
市のホームページでpdf提供。

○お互いさまのまちづくりの動画
https://www.city.toyohashi.lg.jp/32706.htm

支え合い活動見学バスツアー

豊橋市では支え合い活動を見学するツアーを実施

「小松町みんなの居場所」を見学

出典：豊橋市 「支え合い活動見学バスツアー」レポート

支え合い活動の立ち上げを考えている人が、実際の活動を見学し、支え合い活動の運営方法や工夫、失敗談などを活動している方たちから話を聞き、支え合い活動を始めるために必要なノウハウを学ぶ機会としている。

参加者からは「近い距離で活動者の方と話すことができて、立ち上げのイメージができた」、「自分のやりがいが人のためになると気付かされ、刺激を受けた」などの声が聞かれる。

ントや交流会、助成金など、活動に役立つ情報を得られるほか、市のホームページや情報紙などで広く活動を紹介しています。

年3回発行されるアクティブシニア情報紙「アクティ」では、各団体が活動の立ち上げや運営上でどんな工夫をしたのか、活動内容も詳しく紹介されています。

また、実際の活動の場を訪ねて、直接活動内容を知ることができる見学ツアーを開催したり、ノウハウや先進事例をまとめた運営のガイドブックを制作。こうした支援もあり、現在、市内には130もの支え合い活動が運営されています。

コラム④

地域住民の身近な相談相手、民生委員さん

地域住民の身近な相談相手である民生委員[3]さんのことをご存じでしょうか。民生委員の役割は少子化や核家族化によって地域のつながりが薄れる中、地域住民の立場から、孤立し援助を必要としている人の相談に応じ、福祉サービス支援などの情報提供を行ったり、行政や専門機関へつなぐパイプ役を務めています。立場としては国から委嘱された非常勤の地方公務員ですが、活動は無報酬のボランティアで法律により児童委員も兼ねます。

具体的には担当地域の独居高齢者を定期的に訪問して見守りを行ったり、介護や子育ての悩みを抱える人や障害者、生活に困っている人などを、地域活動や訪問活動などを通じて地域の実態を把握し、相談相手になって必要な支援につなぐ活動です。

民生委員法で守秘義務が課せられており、相談等を通じて知り得た個人の秘密は守られます。これは民生委員を辞めた後も適用されるため安心して相

3―民生委員法に基づき厚労大臣から委嘱された非常勤の地方公務員。地域住民の立場から生活や福祉の相談などを行う。創設から100年の歴史を持つ制度で、児童福祉法により児童委員も兼ねる。活動に必要な交通・通信費等は支給されるが、報酬はなく、無給のボランティアとして活動

談できます。

ただ、都市部では民生委員や児童委員の認知度は低く、名前を聞いたことはあってもどんな役割や活動をしているか知らないという人も少なくありません。

大切なお仕事ですが、近年はプライバシーの問題もあり、どこまで踏み込んでいいのか迷ったり、地域の実態把握に苦慮する民生委員の方も増えています。民生委員の業務の負担感も年々増しており、なり手不足は深刻で民生委員の高齢化も進んでいます。

地域の支え合い、共助コミュニティづくりをする時、地域をよく知る民生委員さんは心強い存在です。協力して地域課題に取り組めば、より良い成果も得られやすくなり、互いの負担も減るはずです。

今回は民生委員として、豊橋市の「お互いさままちづくり」で居場所づくりにも取り組んでおられる長縄和子さんに日頃、どんな活動をされているか、苦労や共助コミュニティづくりへのアドバイスをお聞きしてみました。

長縄さんは豊橋市の民生委員として現在約250世帯が暮らす地域を担当

しています。民生委員の活動日数については平均月10日程度ということですが、長縄さんは地区の協議会の会長も務められているため、月20日くらいになるということです。朝から晩までというわけではないですが、多くの時間を地域のために割いておられます。

日頃の活動としては、月に1度、地域の65歳以上の一人暮らしの高齢者を訪問。認知症状など、異変に気付けば、市や包括支援センターに連絡するなどの活動のほか、児童委員として生後3ヶ月になる赤ちゃん訪問などの活動も行っています。

居場所づくりが進まない地域の課題とは

居場所づくりについては民生委員という立場もありますが、ご自身も年を重ね、3人いる子どもたちはみな家を出て現在は夫と二人暮らし。この先、一人になることもあるかもしれない。そう思って周りを見ると地域には同じような人が増えている。そんな時に市の講演会で居場所づくりを知り、いくつかの自治会に声をかけました。

その中で小松町自治会の会長がすぐにやろうと言ってくれて、トントン拍子で話が進み、２０１４年「小松町みんなの居場所」がスタートしました。「小松町みんなの居場所」は毎月第二金曜日の午前10時から午後3時、自治会の集会所で開催されます。参加者は地域の高齢者や子育て中のお母さんなど、毎回30人ほどが集まってきます。参加費は一人１００円。飲み物とお菓子を食べながらお喋りや自分の好きなことをして過ごします。ここには決まった活動内容やルールはなく、ここに来れば、いろんな人がいて話ができ、そこから何かが始まる。肩肘張らず、とにかく楽しく過ごすことを心掛けています。

居場所づくりを始めるに当たって小松町自治会ではとにかくまずはやってみようと、自治会の回覧板で居場所のモットーである「どなたでも集まって、ただ一緒に時間を過ごしましょう」と声をかけたところからスタートしました。

小松町自治会長の市川明人さんは、小松町の居場所はこれをやるという目的はなく、まずは高齢者に家に閉じこもらずに外に出てもらおうと声をかけたところ、多くの人が参加してくれたといいます。居場所の運営には自治会から3万円の補助も出しています。

ただ、小松町のようにスムーズに行く地域ばかりではなく、長縄さんが相談を受けた中には思うように活動の立ち上げに至らず、頓挫するケースも少なくないといいます。原因はメンバーの中に頑固に自分の意見を曲げない人がいたり、もし事故が起きたら誰が責任を取るんだなどの反対意見を言う人がいて、具体的な話し合いの場になるとまとまらないのだといいます。

民生委員と自治会・町内会などとの関係も地域や団体によって様々です。民生委員と自治会・町内会などが良好な関係にあり、互いに協力して地域の互助で支え合いの仕組みを作っている地域では充実した福祉サービスが受けられます。

一方、民生委員と自治会・町内会などの間でコミュニケーションが不足し、情報共有されない地域では総じてこうした支え合いの仕組みが不足しています。

おわりに

本書の企画書を書き始めたのは昨秋、熊本地震で大きな被害を受けた熊本市訪問の飛行機の中でした。ただ伝えたい情報は膨大で、出版社に提案できたのは2月末。6月出版の予定で3月半ばに執筆を開始しました。

新型コロナウィスルの感染拡大による緊急事態宣言により予定していた取材は電話やメールでのやりとりとなり、4月は執筆に専念する日々。その間、社会が置かれた状況は週単位で変わり、日ごとに緊張と混乱の度合いが高まっていきました。

ゴールデンウイーク明け、編集部から6月に新刊を出すのは難しいとの連絡がありました。多くの書店は閉店しており、仕事を失い、生活に困窮する人も増える中、生きるのに精一杯の人も多くいました。もう本どころではなかったのです。

実は本書は当初、一般の方を読者と想定して執筆していました。その頃、必要とされたのは今まさに危機に直面する人の助けとなる本だけでした。秋の台風シーズン前までに出版できればという希望もありましたが、コロナ禍は社会の空気や人々の意識も目まぐるしく変化します。状況を見て考えましょうということになりました。

編集部から9月出版の報をもらったのは6月上旬。5月末に東京でも緊急事態宣言が解除され、社会は徐々に落ち着きを取り戻し、すでにアフターコロナ・ウィズコロナへ動き始めていました。この間、困窮した人や事業者などを救う共助の活動はインターネットを中心に拡大しており、困った時に助け合う共助の大切さ、地域や人との絆の必要性を多くの人が感じ始めていました。

こうしたニーズを受け、共助をテーマとした本書の意義を強く感じる一方、本来共助の最大の受け皿となるべき自治会・町内会がコロナ禍で活動休止状態に置かれ、その役割を果たせない現状も浮かび上がりました。こうしたことから本書はアフターコロナの共助、その受け皿である自治会・町内会のあり方を提起するものとしました。

振り返って、自治会・町内会の運営に関する課題解決については前著で書き尽くしたと思ってきましたが、実は今回フォーカスした「大規模災害」や「マンション」などの問題は、自治会・町内会にとって最大のテーマであり課題でした。コロナ禍において本書がここに至ったのは僥倖《ぎょうこう》であり、この半年、お力添えを頂いた実業之日本社と担当編集の大串喜子さんには心から感謝します。

水津陽子

〔前著のご案内〕

トラブル解消、上手に運営!
自治会・町内会
お悩み解決
実践ブック

水津陽子著

2019年3月28日
実業之日本社刊

四六判200ページ
本体価格　1500円(税別)

1章　自治会・町内会のお悩み、課題・トラブルQ&A
2章　自治会・町内会のお悩み・課題解決
　開かれた自治会・町内会道営の見直しポイント
　対策編1．加入率をアップするには
　対策編2．新たな人や若者の参加を呼び込むには
　きっかけづくりから、仲間づくりへ
　新たな参加を呼び込む「地域デビュー」企画
　参加を呼び込む広報とは？　など
3章　先進事例に学ぶ、実践法、進め方
4章　今、求められる開かれた自治会・町内会の運営
　(基礎)諸表とポイント解説

水津陽子（すいづ・ようこ）

地域活性化コンサルタント　経営コンサルタント
合同会社フォーティR&C代表
島根県出身。島根県立浜田高校卒業後、石油会社、官公署、税務会計事務所などの勤務を経て、1998年に経営コンサルタントとして独立。地域資源を活かした地域ブランドづくりや観光振興、協働推進など、地域活性化・まちづくりに関する講演、コンサルティング、調査研究、執筆など行っている。
地域コーディネーター講座や自治会・町内会の活性化に関する講演、コンサルティングも全国で多数手がける。
著書に『日本人だけが知らない「ニッポン」の観光地』（日経BP社）、『ロハスビジネス』（朝日新書）、『運営からトラブル解決まで　自治会・町内会お役立ちハンドブック』『トラブル解消、上手に運営！　自治会・町内会お悩み解決実践ブック』（いずれも実業之日本社）などがある。

こうして地域《ちいき》のリスクに備《そな》える！
令和《れいわ》・アフターコロナの
自治会《じちかい》・町内会《ちょうないかい》 運営《うんえい》ガイドブック

2020年９月９日　初版第１刷発行
2023年５月31日　初版第３刷発行

著者　水津陽子
発行者　岩野裕一
発行所　株式会社実業之日本社
〒107-0062 東京都港区南青山 6-6-22
emergence 2
【編集部】TEL.03-6809-0452
【販売部】TEL.03-6809-0495
実業之日本社ホームページ https://www.j-n.co.jp/
印刷・製本　大日本印刷株式会社

ISBN　978-4-408-42092-9（新企画）